SCHLUSS MIT LUSTIG

Judith Mair

SCHLUSS MIT LUSTIG!

Warum Leistung und Disziplin mehr bringen
als emotionale Intelligenz, Teamgeist und Soft Skills

 Eichborn.

Gewidmet dem Finanzamt
Köln Altstadt-Süd
Abt. Umsatzsteuer-Sonderprüfung

6 7 8   04 03

© Eichborn AG, Frankfurt am Main, Oktober 2002
Umschlaggestaltung: Moni Port
Lektorat: Ulrich Callenberg
Satz: Fuldaer Verlagsagentur, Fulda
Druck und Bindung: GGP Media, Pößneck
ISBN 3-8218-3962-7

Verlagsverzeichnis schickt gern:
Eichborn Verlag, Kaiserstraße 66, D-60329 Frankfurt am Main
www.eichborn.de

Inhalt

Einleitung

In den letzten Jahren ist die Arbeitswelt gehörig aus den Fugen geraten. Einmal gültige Gewissheiten sind aufgeweicht, gewohnte Strukturen brüchig geworden. Ob Arbeitszeit, Arbeitsvertrag, Arbeitsprozess oder Arbeitsort, das angestrebte Berufsbild oder die geforderten Qualifikationen: Permanenter Wandel scheint das einzig Zuverlässige zu sein, aber wie man damit umgehen soll, darüber gibt es sehr verschiedene und kontroverse Ansichten. Während die einen die »Revolution der Arbeit« ausrufen, arbeiten andere, davon unbeeindruckt, weiter wie seit 30 Jahren: Der Stahlarbeiter, der früh morgens zur Schicht geht, der Grafiker, der fünf Stunden später mit seinem Laptop im Coffeeshop Platz nimmt, die osteuropäische Putzfrau, die, während der Grafiker seinen Latte Macchiato trinkt, dessen Altbauwohnung schrubbt, der Pensionär, der als aktiver Verbandsvorsitzender weniger daheim ist als je zuvor, und die junge Führungskraft, die gleich in Bangkok aufwacht und die Verhandlungsprotokolle per E-Mail an die Firmenzentrale in Koblenz schickt.

Dass sich der Wandel der Arbeitswelt holprig und wenig einheitlich vollzieht, darf nicht darüber hinwegtäuschen, dass die eingeschlagene Richtung für die Mehrzahl der Unternehmen, ob Traditionsunternehmen, Familienbetrieb oder globaler Technologiekonzern, beschlossene Sache ist: Man muss zu jeder Zeit schnell und flexibel reagieren können. Und so gilt: Hierarchien raus, Teamarbeit rein, Bevormundung und Zwang werden durch Selbstbestimmung und Verantwortung ersetzt, und statt kleinkariert auf Vorschriften zu pochen, wird der Arbeitnehmer aufgefordert sich einzumischen. Unter dem Etikett der »emotionalen Führung«, der aufwändig inszenierten Unternehmenskultur und der Identifikation des Mitarbeiters mit dem Unternehmen, zeigen sich die neuen Instrumente der weichen und indirekten »Steuerung«, die den Mitarbeiter dazu bringen sollen, noch besser und begeisterter zu arbeiten. Es wird eine Arbeitswelt hochgehalten, in der der Mitarbeiter durch Eigenverantwortung und Spaß an der Sache brilliert, und die es sich somit leisten kann, auf Regeln, Verbindlichkeiten und Strukturen weitgehend zu verzichten.

Die Ursachen des Wandels der Arbeitswelt liegen in der oft beschriebenen Transformation von der Industriegesellschaft zur Wissensökonomie. In der geht es, wie der Name schon sagt, weniger um Produkte, Lagerhallen, Maschinen und Stückzahlen, sondern um Wissen, Informationen und Dienstleistungen. Dabei gilt: Je anspruchsvoller die Tätigkeit, umso wichtiger wird der Mitarbeiter und sein Verhalten und Wissen. Damit rücken auch andere, die so genannten »weichen« Fähigkeiten des Mitarbeiters in den Vordergrund. Fachkompetenz, Gewissenhaftigkeit und Interesse an der ausgeübten Tätigkeit reichen da nicht mehr aus. Sozial kompetent, motiviert, mobil, flexibel und emotional klug soll der Wunschkandidat sein. Nur so wird er die Herausforderungen der neuen Arbeitswelt annehmen und seine bedeutungsvolle Stellung in diesem System nutzen können.

Das hört sich zweifelsohne verlockend an. Womit auch schon einer der Gründe für die wachsende Beliebtheit der modernen Arbeitswelt zutage tritt: Scheinbar weit weg von stumpfem Zwang und spaßarmer Routine, kommt sie human und liberal daher, wie bereits die Rede vom »menschlichen Unternehmen« zu verstehen gibt. Hinzu kommt: Es gibt keine Verlierer, denn sowohl Unternehmen wie auch Mitarbeiter profitieren davon. So weit, so bekannt.

Auch wenn die Erfolgsrezepte der erfolgreichen Unternehmensführung ein für allemal ausgemacht scheinen, die Praxis sieht anders aus. Ähnlich wie bei Kochrezepten gilt: Mögen all die Handgriffe, Zutaten und Mengenangaben auch noch so detailliert vorgegeben sein, was nachher auf dem Tisch steht, schaut nicht selten völlig anders aus. Was in der Theorie einfach und schlüssig erscheint, erweist sich in der Praxis nicht selten als vertrackt. Es mag sie geben, die Wolfram Siebecks der Wirtschaftswelt. Doch bei der erschlagenden Mehrheit der Unternehmen erweisen sich die frisch umgesetzten Managementlehren als Flops. Nur dass die Flops, die hier produziert werden, am lebenden Objekt getestet werden: Am Mitarbeiter.

Die zeitgemäße Unternehmensorganisation hat ihre Feuertaufe nur schwer lädiert überstanden und kaum eine Gelegenheit ausgelassen, sich im Arbeitsalltag als untauglich zu erweisen. Der oft vorschnelle Abschied von den klassischen Führungsinstrumenten und die nicht selten über Nacht durchgezogene Entrümpelung des Unternehmens von etablierten Strukturen hat ein Vakuum hinterlassen, in dem Mitarbeiter wie Führungskräfte orientierungslos und bisweilen überfordert in der Luft hängen. Dass dieser Zustand nicht förderlich auf die Leistung und damit auf die Produktivität des Unternehmens durchschlägt, dürfte auf der Hand liegen. Auch wenn Vorstandsvorsitzende, Hochglanz-Firmenprospekte und Managementbestseller unbeirrt die immer gleichen Tipps der modernen Arbeitswelt verkünden, gibt es nicht wenige Menschen, die das ungute Gefühl beschleicht, dass etwas grundsätzlich nicht stimmt. Doch statt mit dem Mythos von der schönen neuen Welt der Arbeit aufzuräumen, wird mit aller Kraft an ihren Verheißungen festgehalten.

Die New Economy ist dabei mit gutem Beispiel vorangegangen und hat gezeigt, wie man es macht: Die zuvor vom Zeitgeist eher unberührte und ziemlich dröge Arbeitswelt ist, nach Mode und Musik, von der jungen, kreativen, gut gelaunten Spaßrevolte überschwemmt worden und weiß nun gar nicht mehr, wie ihr geschieht. War man früher Mitglied einer Band, um cool, reich und sexy zu wirken, reicht es heute, in einem hippen Unternehmen zu arbeiten.

Aber es ist absurd, Arbeit als Ersatzheimat und Statussymbol anzupreisen, die Selbstverwirklichung und Spaß verspricht. Arbeit ist zunächst einmal einfach nur Arbeit. Und genau das muss sie wieder werden. Nicht mehr, aber auch nicht weniger.

Und das heißt vor allem: Runter von dem Sockel des Mythos, zurück auf den Boden der Tatsachen und weg von dem völlig überhöhten Anspruch, der daran geknüpft wird. Das heißt außerdem weiter: Der Arbeit wieder Maß und Form verleihen. Die Unternehmen müssen mit klaren Vorgaben und Grenzen wieder eine verbindliche Arbeitsgrundlage bieten. Und das bedeutet auch: Die Berufung wieder zu einem Beruf machen und sich der Zufriedenheit der Mitarbeiter zu widmen, statt Spaß bei der Arbeit zu versprechen. Die abgehobene Vision durch den klaren Plan zu ersetzen und Fähigkeiten, Erfahrungen und Fachwissen zu bewerten, anstatt den immer gleichen Katalog von Soft Skills abzufragen.

Dieses Buch liefert eine Diagnose der derzeitigen Unternehmensorganisation, legt Schwachstellen offen und zeigt den unterschätzten Nutzen der voreilig als unzeitgemäß verworfenen Führungsinstrumente, Strukturen, Normen und Regeln, die das klassische Unternehmensmodell liefert. Den populären Managementkonzepten, die eine flexible, lernende, hierarchiearme oder virtuelle Organisation heraufbeschwören, wird eine Arbeitspraxis gegenüber gestellt, die sich als gründlich überarbeitete Neuauflage der traditionellen Arbeitswelt versteht.

Das Bekenntnis zu diesem Unternehmensmodell ist nicht sonderlich plakativ und schon gar nicht revolutionär und erstrahlt auch nicht in dem verführerischen Glanz, den gerade kursierende Managementweisheiten haben. Schlimmer noch, die Rückkehr zu traditionellen Strukturen und Normen erweckt den Anschein, unzeitgemäß zu sein und mag auf den ersten Blick sogar paradox, rückschrittlich oder gar reaktionär erscheinen. Doch vor Pauschalisierungen sei gewarnt: Die unreflektierte und überstürzte Rückkehr zu längst überholten Führungsinstrumenten und Strukturen ist weder in Sicht noch beabsichtigt. Die hier beschriebenen Ansätze unterscheiden sich grundsätzlich durch ihren verfolgten Sinn und Zweck von den autoritär ausgerichteten Systemen, wie wir sie von den tradierten Konzernen der Old Economy kennen. Hier wird auch nicht mit einer restriktiven Arbeitswelt geliebäugelt, die dem Mitarbeiter jede Form des selbstbestimmten Handelns abspricht und ihn zum unmündigen Befehlsempfänger degradiert. Ganz im Gegenteil: Die hier skizzierte Form der Unternehmensorganisation setzt das Wissen über die moderne Unternehmensorganisation voraus, profitiert von deren Erfahrungen und Kenntnissen, den Schwierigkeiten ihrer Umsetzung in der alltäglichen Praxis und nicht zuletzt ihrem Scheitern und den sich zeigenden Schwachstellen.

Wer in diesem Buch jedoch Garantien für den Unternehmenserfolg sucht, wird nicht fündig werden. Es gibt keine unternehmerischen Erfolgsrezepte, die zeigen, wie die Anforderungen, die die Wissensgesellschaft formuliert, und die Umwälzungen am Arbeitsmarkt passgerecht zu beantworten sind. Klar ist aber: Die New Economy war das Versuchskaninchen der Wissensgesellschaft, das Start-up mit seiner Mischung aus Trotz, Gier und Rebellion, das Wissensunternehmen im Stadium der Pubertät. Nun, so die Hoffnung, wäre es an der Zeit erwachsen zu werden. Und erwachsen werden heißt: lernen, sich zu beschränken, Verbindlichkeiten anzuerkennen und sich den Tatsachen zu stellen.

Schöne, neue Arbeitswelt

Sackgasse Selbstbestimmung

> *Ein Mensch sagt, und ist stolz darauf,*
> *Er geht in seiner Arbeit auf.*
> *Bald aber, nicht mehr so ganz munter,*
> *Geht er in seiner Arbeit unter.*

> EUGEN ROTH

Hauptrolle: Der Mitarbeiter

Die Unternehmen sind sich einig: Die wertvollste Ressource der modernen Wirtschaftswelt ist der Mitarbeiter, erst durch ihn wird ein Unternehmen zu dem, was es ist.

Die »Human Resources« sind der »First Value« eines Unternehmens und damit der entscheidende Faktor, um sich in einer auf Wissen und Dienstleistungen basierenden Wirtschaft durchzusetzen. Der Mitarbeiter ist nicht mehr nur das notwendige Mittel zum Zweck, dessen Leistung man für den Arbeitsprozess benötigt, sondern steht nun selbst im Mittelpunkt. Auf ihn gilt es zu setzen, ihn gilt es zu fördern.

Dabei geht es, glaubt man den Worten der Management-Gurus, nicht allein um wirtschaftliche Interessen, sondern ganz um das Wohl des Mitarbeiters; als das »menschliche Kapital« des Unternehmens gehört er gepflegt und gefördert und verwöhnt.

In Zeiten des wirtschaftlichen Wandels sei die Eigenverantwortung des Einzelnen gefragt und außerdem zähle ja einzig und allein die Qualität des abgelieferten Ergebnisses, lässt man uns wissen.

Die Zeiten, in denen der Mitarbeiter klare Anweisungen brauchte und sich vor jedem Handgriff die Erlaubnis von seinem Vorgesetzten einholen musste, gehören ein für allemal der Vergangenheit an. Lange Zeit unterschätzt und bevormundet, wird ihm nun endlich der Respekt erwiesen, der ihm zusteht, und das nicht nur bei der obligatorischen Danksagung während der alljährlichen Betriebsfeier, sondern jeden Tag. Als nicht unerwünschter Nebeneffekt bekommt der Unternehmer einen ausgeglichenen Mitarbeiter, der dann auch qualifizierter und engagierter arbeitet, weil glücklicher.

Von den Fesseln lästiger Einschränkungen und von kollektiven Zwängen befreit und mit einer gehörigen Portion Verantwortung und Selbständigkeit ausgestattet, kann er endlich sein ganzes kreatives Potenzial entfalten und zeigen, was in ihm steckt.

Das erscheint auf den ersten Blick sehr idyllisch und vor allem sehr liberal und human. Es klingt nach neu gewonnenen Freiheiten, Daten verschickenden Müttern inmitten fröhlich spielender Kinder, nach Vorgesetzten, die ganz gleichberechtigte Partner und Kumpel und gar nicht mehr Chefs sind und nach ausgeschlafenen Projektentwicklern, die mittags tänzelnd das Büro betreten, und so gar nicht nach durchrationalisierter und kontrollierter Arbeitswelt, die man ja schon lange satt hat.

Mehr Selbstbestimmung: Wer kann als eigenständiges und bekennendes Mitglied der individualisierten Gesellschaft zu so einem Angebot schon Nein sagen? Dankend ablehnen könnte ja als Eingeständnis mangelnder Selbstständigkeit gedeutet werden. Und so etwas macht heute keinen guten Eindruck. Die moderne Arbeitswelt als segensreiche Chance zur Selbstverwirklichung. Was will man mehr?

Der Mitarbeiter nimmt seinen neuen Stellenwert dankbar an – eine andere Wahl bleibt ihm auch kaum. Seit langfristige Angestelltenverhältnisse mehr und mehr der Vergangenheit angehören, reicht es nicht mehr, einfach nur lapidar die eigene Leistung und Arbeitskraft zur Verfügung zu stellen: Die eigene Person gehört nach bester marketingtechnischer Manier in Szene gesetzt. Mit lohnenden Investitionen in Werdegang und Ausbildung wird der eigene Marktwert in die Höhe getrieben, die Qualifikationen werden zum strategischen Verkaufsargument umgemodelt. Professionelle Selbstvermarktung ist kein Schimpfwort, sondern der Schlüssel zum Erfolg schlechthin.

Der bevormundete Arbeitnehmer vergangener Zeiten kommt wie

ausgewechselt nun selbst als kleine Firma daher. Das passende »Branding« ist auch schon gefunden: In den Büros, Foyers und Besprechungsräumen wimmelt es von vielen kleinen Ich-AGs, Selbst-GmbHs und Ich-Aktien auf zwei Beinen. »Der Begriff dient als plakative Umschreibung der inneren Grundeinstellung, sich als Unternehmer seiner Existenz zu verstehen und somit die persönliche Gestaltung seines Lebens zu übernehmen«, so die »Initiative Selbst GmbH«, die von Unternehmen wie der Deutschen Bank oder der Lufthansa ins Leben gerufen wurde. Als Idealtypus und erfolgreicher Prototyp wird der »unternehmerische Mensch« ausgerufen: »Das Leitbild der Zukunft ist das Individuum als Unternehmer seiner Arbeitskraft und Daseinsvorsorge«, lässt die Kommission für Zukunftsfragen von Bayern und Sachsen verlauten.

Selbst wenn der Mitarbeiter in den Lohnlisten weiter als Angestellter mit festem Monatseinkommen geführt wird, mutiert er zum Micro-Unternehmer im Unternehmen und darf sich »im Geiste« ganz als selbstständiger Unternehmer fühlen. Und als Unternehmer denkt er nicht mehr stur an seinen Lohn am Ende des Monats, sondern, wie es sich für einen Unternehmer gehört: An den wirtschaftlichen Erfolg. Allzeit bereit alles für die Firma zu geben, hat er den Dienst nach Vorschrift endgültig an den Nagel gehängt, um ganz im »Dienst der Firma« zu stehen.

Noch ganz entzückt über seine neu gewonnene Freiheit, bleibt dem emanzipierten Mitarbeiter allerdings nicht viel Zeit zum Jubeln. Die Arbeit wartet und so macht man sich voller Eifer ans Werk, selbstverständlich bestens motiviert, weil es nun ganz bei ihm liegt, wie und wann er seine Arbeit erledigt. Der »work flow« darf durch bürokratische Fallstricke nicht behindert werden, die Konsequenz ist so viel Entscheidungsfreiheit wie möglich, so wenig Einschränkungen wie nötig.

Die Vorgaben sind, wenn es denn überhaupt welche gibt, meist arg abstrakt und sagen nur wenig über Struktur und Ausmaß der zu leistenden Arbeit aus. Was zählt, ist einzig das Ergebnis, wie er dahin kommt, bleibt dem Mitarbeiter selbst überlassen. Recht genaue Vorstellungen existieren jedoch davon, wie das Ergebnis der Arbeit auszuschauen hat, was sich nicht selten an bis auf die Kommastelle genau vorgegebenen Zahlen und Daten zeigt: In immer mehr Unternehmen haben die Mitarbeiter rein ergebnisorientierte Zielvorgaben zu erfüllen, die sich darauf beschränken, die festgesetzten Umsatzraten und Zuwachsgewinne zu verzeichnen. »Macht, was ihr wollt, aber macht es profitabel«, lautet dann auch einer der populärsten Leitsätze der modernen Mitarbeiterführung.

Damit sich die geforderte Selbstständigkeit auch voll und ganz entfalten kann, wird das Unternehmen in viele kleinteilige autonome Arbeitsgruppen und Projektteams oder ausgegliederte Abteilungen zerstückelt. Hier übernimmt der Mitarbeiter im Team mit anderen Ich-AGs und Selbst-GmbHs die Verantwortung und kann nun zusehen, dass er ohne Fahrplan und Landkarte zur rechten Zeit am Ziel landet und das in ihn gesetzte Vertrauen nicht enttäuscht.

Der miese Tausch: Statt Zwang subtiler Druck

Der Unternehmer delegiert nicht wie früher üblich nur die Arbeit selbst, sondern alle damit verbundenen Leistungen an den Mitarbeiter. Organisation und Ergebnis der Arbeit liegen nun im Zustand tugendhafter Verantwortung ganz auf seinen Schultern.

Strukturen und Verbindlichkeiten, die bisher den Mitarbeiter mit Gewissheit darüber versorgten, wie er denn nun seine Arbeit zu erledigen habe, sind vielfach von heute auf morgen abgeschafft worden. Klare Vorschriften und verbindliche Vorgaben, die als Messlatte fungieren und den Arbeitsfortschritt einschätzbar machen, sind offensichtlich nicht mehr nötig. Was vorher durch das formale Gerüst organisiert war, nämlich die Frage, wer wann wie seiner Arbeit nachzukommen hat, ist heute aufgeweicht und manchmal kaum noch zu erkennen.

Auch die Ausbeutung seiner Arbeitskraft nimmt der Mitarbeiter nun selbst in die Hand. Wenn es an verbindlichen Anweisungen und aussagekräftigen Vorgaben mangelt, lautet die sicherste Devise: Lieber mehr als weniger. Ob die Zielvereinbarungen halbwegs realistisch sind, hat der Mitarbeiter nicht in Frage zu stellen: Sie werden »von oben« diktiert und nur selten mit den Mitarbeitern gemeinsam entwickelt.

Die darin angelegte Überforderung des Mitarbeiters gipfelt in einer Diktatur der Arbeit, die nun mehr denn je den Tagesablauf des Einzelnen diktiert. Mit flexiblen Arbeitszeiten, fehlenden Strukturen, völlig überhöhten Zielvereinbarungen und einem weit gefassten Aufgabenbereich wird der Arbeit ohne Maß, über die Grenzen der Erschöpfung hinaus, Tür und Tor geöffnet.

Die sich hier zeigende Form der Mitarbeiterführung maskiert sich mit der populären Formel »Vertrauen«. Sie hat sich an die Stelle geschlichen, wo zuvor Regeln und Einschränkungen standen und diese damit ein für allemal für überflüssig erklärt. Vertrauen kommt immer dann zum Tragen, wenn Anlass zu der Vermutung besteht, dass der Betreffende sich aus freien Stücken genauso verhält, wie es ihm ehedem Regeln und Einschränkungen diktierten. Das zu Grunde liegende moralische Tauschgeschäft ist immer wieder das Gleiche: »Du bekommst mehr Verantwortung, weil ich dir vertraue, aber enttäusche mich bloß nicht.«

Doch der Schein trügt. Dieses Vertrauen ist schlussendlich nicht mehr als eine scharf kalkulierte motivationstaktische Maßnahme. Der Zwang ist damit aber keineswegs abgeschafft, sondern taucht lediglich in einem neuen, weniger vornehmen Aggregatzustand auf: Dem subtilen Druck.

Denn der Mitarbeiter setzt alles daran, das in ihn gesetzte Vertrauen nicht zu enttäuschen, selbst dann, wenn er sich überfordert fühlt. Seine Überforderung und Belastung gesteht er weder vor sich noch vor anderen ein, da dieses Eingeständnis ihm ja als Zeugnis der Unfähigkeit ausgelegt werden könnte, mit der ihm zugeteilten Verantwortung nicht zurechtzukommen.

Spätestens hier deutet sich an, wer nun anstelle des Vorgesetzten oder des Managements das Kommando und die Kontrolle über den Mitarbeiter übernommen hat: Der freie Markt. Wo zuvor der Arbeitgeber als vermittelnde und bisweilen schützende Instanz zwischen Kunde und Angestelltem fungierte, steht nun der »selbstständige Mitarbeiter« dem Markt direkt gegenüber.

Wer da Zuflucht bei seinem Vorgesetzten sucht, ist schlecht beraten. Mit Mitleid und Hilfe ist nicht zu rechnen, denn die missliche Lage des Mitarbeiters ist weder dem Zufall geschuldet noch ein Versehen, sondern das von langer Hand geplante Ergebnis moderner Unternehmensführung:

Der Mitarbeiter wird nicht mehr länger in Watte gepackt und fürsorglich vor den Unsicherheiten, Unklarheiten und wandelnden Forderungen des Marktes abgeschottet, sondern »darf« nun selbst die Veränderungen des Marktes mit zielgenauen Strategien und einfallsreichen Innovationen beantworten, um den Gang der Geschäfte voran zu treiben. Die Schonfrist, die bisher so mancher Arbeitnehmer genossen hat, ist damit ein für allemal vorbei. »Der Wind des Marktes muss in die entlegenste Ecke der Firma geblasen werden«, bekräftigte Tom Peters bereits 1993 in seinem Bestseller *Jenseits der Hierarchien*, der zur Standardlektüre jedes Unternehmers zählt, der ein bisschen was auf sich hält. Der Mitarbeiter ist dort angekommen, wo er hingehört: »Face-to-Costumer« heißt das dann, im Dienste der Kundenorientierung und für mehr Nähe zum Markt.

Und der Markt fordert unerbittlich und nun auch unmittelbar, und dass sich der vermeintlich liberal gesinnte Vorgesetzte jetzt vornehm im Hintergrund hält, macht die Lage auch nicht besser. Der hat seinen großen Auftritt erst, wenn der Termin gekommen ist und die Ergebnisse präsentiert werden müssen. Bilanzen, die nicht überzeugen, oder das Ergebnis, das weit unter den Erwartungen liegt, hat, wer auch sonst, der Mitarbeiter zu verantworten. Auf dessen selbstständiger Arbeit basiert das Ergebnis ja nachweislich. Ob die Zielvorgaben und Ansprüche des Unternehmens oder der Vorgesetzten möglicherweise überhöht und damit gar nicht zu schaffen waren, steht nicht zur Debatte. Derartige Einwände fallen unter den Tatbestand der Nestbeschmutzung, und das ist nicht gerade ein Kavaliersdelikt.

Der Mitarbeiter ist es dann auch, der im schlimmsten Falle seine Koffer packen und das Unternehmen verlassen muss. Selbst schuld, wenn man mit der neuen Verantwortung der modernen Arbeitswelt nicht zurechtkommt.

Zur Freiheit gezwungen

Die rhetorischen Verrenkungen und triumphierenden Managementkonzepte, die den Faktor Mensch in der Wirtschaftswelt noch loben, sind mit Vorsicht zu genießen. Die meisten dienen vor allem einem

Zweck: Sie liefern populäre und fadenscheinige Argumente, die dem Unternehmer die Absolution dafür erteilen, seine Mitarbeiter nach Strich und Faden zu überfordern, Ballast auf ihren Schultern abzuladen und sie dann guten Gewissens ohne strukturellen Halt allein stehen zu lassen.

Der Unternehmer ist fein raus und kann sich hinter moralisch einwandfreien Begriffen wie Vertrauen, Verantwortung und Selbstbestimmung verstecken. So ist es nicht nur sein gutes Recht, sondern sogar seine Pflicht, jede Verantwortung von sich abzuwälzen und – unter dem Etikett »Selbstständigkeit« – dem Arbeitnehmer in die Schuhe zu schieben. Der kann dann zusehen, wie er mit der grundsätzlich problematischen Kombination aus ganz viel Verantwortung und ganz viel Freiheit zurechtkommt und nicht nur fehlende Strukturen auffängt und Kompetenzen ausbalanciert, sondern auch noch seine Arbeit schafft. Schließlich wird ja keiner dazu gezwungen.

Statt ihn mit Respekt zu behandeln und sich um ihn zu kümmern, betrachtet die Mehrheit der Unternehmer die »wertvolle Ressource Mitarbeiter« als eben nur einen Rohstoff und das benötigte Material, das das Unternehmen ins Laufen bringt. Da wundert es kaum, dass der Wert der meisten heutigen Unternehmen nach wie vor durch das angehäufte Kapital ermittelt wird. Der Mitarbeiter als immaterieller Wert und entscheidender »Rohstoff« des Unternehmens fällt lediglich als Kostenfaktor ins Gewicht und nicht, wie man meinen könnte, als Vermögen.

Anders gesagt: »Bis heute ist das Gehalt eines Ingenieurs ein Kostenfaktor, während der Stuhl, auf dem er sitzt, als Anlagevermögen verbucht ist«, wie die Gallup-Organisation in ihrer Pressemitteilung formuliert, und auch eine von Gemini Consulting durchgeführte Studie an 10 000 Arbeitnehmern mahnt an: Der Mitarbeiter müsse zukünftig als Investition betrachtet werden, nur so könne der Wert des Unternehmens maximiert und gesichert werden.

Weit entfernt von solchen Einsichten zeigt sich die hochgelobte »neue Selbstständigkeit« des Mitarbeiters als probates Instrument, mit dessen Hilfe »neue Schichten menschlicher Motivierungs- und Leistungsfähigkeit erschlossen werden, wie Kreativität, visionäres Denken – um ein paar modische Schlagworte aufzugreifen«, so Hans

J. Pongratz und G. Günter Voß in der *Kölner Zeitschrift für Soziologie und Sozialpsychologie*.

Der Mitarbeiter aber nimmt dankbar seine Schlüsselrolle in der neuen Wirtschaftswelt an. Froh, überhaupt dabei sein zu dürfen, akzeptiert er die Doppelbödigkeit des beruflichen Parketts. Weder die Umwertung von Verantwortung und Selbstständigkeit in einen nicht mehr enden wollenden Arbeitswahn noch die unkontrollierte Selbstausbeutung scheinen ihn von der Arbeit abhalten zu können: »Das, was von Vorgesetzten gerne als freiwillige Überausbeutung entgegengenommen wird, entspringt bei den Beschäftigten oft dem Gefühl der Befreiung von starren, kollektiven Zeit- und Leistungskorsetten«, schreibt Martin Dieckmann in »selb(st) - ständig - arbeiten« im *express, Zeitschrift für sozialistische Betriebs- und Gewerkschaftsarbeit*, im Februar 2000. Die Arbeitnehmer »zeigen drastische Züge eines Alltags- und Arbeitsverhaltens, das sich dem selbstzerstörerischen Umschlag von Genuss in Sucht angleicht«.

Ein Problem, das nicht nur die schon immer als arbeitsintensiv bekannten Branchen wie die IT- oder Medienunternehmen betrifft, sondern längst auch Betriebsräten und Gewerkschaften Kopfschmerzen bereitet: »Früher ging es darum, den Arbeitnehmer vor dem Arbeitgeber zu schützen. Heute müsste der Betriebsrat den Arbeitnehmer vor sich selbst schützen. Das kann aber kein anderer als er selbst«, erklärt Wilfried Glißmann, Betriebsratsvorsitzender bei IBM, die Zwickmühle, in der sich die Gewerkschaften heute befinden.

Das Kreuz mit der Autonomie

So zeigen sich bei genauem Hinsehen die Schattenseiten der vermeintlichen Fortschritte und Errungenschaften der modernen Arbeitswelt. Statt sie als notwendiges Übel hinzunehmen und darüber hinwegzusehen, sind Unternehmer und Vorgesetzte gefordert, dem sich zeigenden Dilemma entgegenzuwirken.

Zuallererst sollten sie sich ins Gedächtnis rufen, dass Arbeit auch heute noch ein Prozess ist und nicht, wie man heute meinen könnte, einfach nur ein Ergebnis. Dieser Prozess muss strukturiert und organisiert werden und es ist die Pflicht eines Unternehmers und seines

Managements, genau dieses zu tun und dadurch ihre Mitarbeiter zu entlasten, statt sich galant aus dem Staub zu machen. Mit realistischen Anforderungen, einer überschaubaren Struktur und der reiflich überlegten und wohl dosierten respektvollen Vergabe von Vertrauen und Verantwortung können sie der bodenlosen Selbstüberschätzung, Überforderung und Selbstausbeutung vieler Mitarbeiter ein Ende setzen.

Der Missbrauch des Mitarbeiters als Rohstoff der Wissensökonomie wird sich früher oder später rächen. Statt die Ressource Mensch zu ordern wie in einem Bestellkatalog, sie bis auf die letzte Rille fein säuberlich auszukratzen wie einen Joghurtbecher und sie von Projektteam zu Projektteam zu verheizen, sind Rahmenbedingungen zu schaffen, innerhalb derer die Mitarbeiter konzentriert und kontinuierlich ihrer Arbeit nachgehen können: Ein einschätzbarer Arbeitsaufwand, ein klar umrissenes Tätigkeitsfeld, wohl portionierte Aufgaben und überschaubare Verantwortlichkeiten.

Im Mittelpunkt muss die dem Mitarbeiter zugeteilte Arbeit stehen. Statt die Aufgabenbereiche und den Handlungsspielraum des Einzelnen kontinuierlich zu erweitern, müssen Einschränkungen und Grenzen geschaffen werden. Gerade wenn die Arbeitsinhalte immer komplexer und differenzierter werden, ist es wichtig, den Prozess der Arbeit selbst klar zu strukturieren. Die Aufmerksamkeit und die Belastungsfähigkeit jedes Mitarbeiters sind begrenzte und somit wertvolle Ressourcen, die es zu schützen gilt, wenn es auf Leistung und die Qualität der Arbeit ankommt.

Ziel und Pflicht des Unternehmers muss es also sein, die Mitarbeiter so gut es geht vor Stress und unnötigen Strapazen zu bewahren, statt sie darauf abzurichten. In vielen Unternehmen laufen abgearbeitete, physisch und mental völlig degenerierte Mitarbeiter durch die Gegend, denen wieder und wieder durch gönnerhaftes Schulterklopfen signalisiert wird, dass dieser erbärmliche Zustand zu ihrer Position dazugehört wie das Ei zum Huhn. Das Gefühl dafür, was man sich zumuten kann und wo die Grenzen der eigenen Belastbarkeit erreicht sind, wird kontinuierlich zunichte gemacht. Ein Halt, ein Stop, eine Pause kommt einem Scheitern gleich und so etwas ist in dieser Arbeitswelt nicht vorgesehen.

Da müssen die körperlichen Beschwerden schon gravierender

sein. Galt ein »Burn-out« vor nicht allzu langer Zeit noch als Berufskrankheit viel beschäftigter Manager, ist das Gefühl ausgebrannt zu sein heute längst jedem normalen Angestellten vertraut. Einem »Burn-out« zu erliegen gilt in vielen Unternehmenskreisen immer noch als Auszeichnung für ehrenvolles, berufliches Engagement.

Statt das Maß der Belastbarkeit als Form eines neuzeitlichen Hauden-Lukas-Systems immer weiter in die Höhe zu treiben und die Mitarbeiter aufzufordern, sich im Kräftemessen zu verausgaben, muss ein geregelter Arbeitsalltag mit begrenzten Belastungen treten. Und das nicht etwa aus lauter Nächstenliebe und Menschlichkeit, sondern allein aus dem einfachen Grund, weil hochwertige und gewissenhafte Arbeit sich mit einer permanenten Belastung auf Dauer einfach nicht verträgt.

Das Weniger an Autonomie und Verantwortung bedeutet zugleich auch ein Weniger an Risiko. Deshalb ist es dann auch die Pflicht des Unternehmers, wieder als Vermittler zwischen Kunde und Mitarbeiter auf den Plan zu treten. Statt seine Leute mit Kunden und Auftraggebern allein zu lassen, zählt es zu seiner Aufgabe, ihnen eben auch mal den Rücken freizuhalten und ihnen den Schutz des Unternehmens als Institution zu gewähren. Es ist die Aufgabe des Unternehmers, die Anforderungen, denen das Unternehmen »von außen« ausgesetzt ist, nur wohl dosiert an seine Mitarbeiter heranzulassen. Der Vorgesetzte fungiert als eine Art »Dolmetscher«, der die Unsicherheit und Komplexität des Marktes für den Mitarbeiter in Anleitungen und Anweisungen übersetzt.

Eine mit Pflichten und Einschränkungen versehene Arbeitswelt bietet für die »Arbeit ohne Maß« keinen Raum. Die Mitarbeiter unseres Büros Mair u. a. werden nicht darauf trainiert und schon gar nicht erst getestet, ob sie in der Lage sind, bis zum Umfallen zu arbeiten, und ob sie auch dann noch durchhalten, wenn man ihnen den Boden unter den Füßen wegzieht. Ihr Handlungsspielraum ist begrenzt und überschaubar und schützt sie vor permanenter Belastung und Erschöpfung. Auch Profis der Selbstvermarktung und Selbstbelastung, die ihrer Erfüllung und Selbstverwirklichung als Ich-AG und Selbst-GmbH entgegenfiebern, wird man hier nicht finden. Wem es darum geht, auf Teufel komm raus die Grenzen seiner Belastbarkeit zu testen, und wer darauf brennt zu zeigen, was in ihm steckt, wenn man ihn nur machen lässt, der ist hier an der falschen Adresse.

Von unseren Mitarbeitern erwarten wir vor allem, dass sie verbindlich und zuverlässig sind und die für sie vorgesehene Arbeit gewissenhaft und mit Sorgfalt erledigen. Der Mitarbeiter weiß, was ihn erwartet, und wir wissen, was wir von ihm erwarten. Die Gewährleistung eines Mindestmaßes an Einschätzbarkeit, klare Strukturen sowie die Anleitung bei dem Prozess der Arbeit und der Schutz und Beistand beim Agieren auf dem freiem Markt empfinden unsere Mitarbeiter als entlastend, da es ihnen dabei hilft, sich im vollen Umfang und eigenverantwortlich ihrer eigentlichen Arbeit zu widmen.

Allzeit bereit

Die werktägliche Arbeitszeit der Arbeitnehmer darf acht Stunden nicht überschreiten. Sie kann auf bis zu zehn Stunden nur verlängert werden, wenn innerhalb von sechs Kalendermonaten oder innerhalb von 24 Wochen im Durchschnitt acht Stunden werktäglich nicht überschritten werden.

ArbZG § 3, Arbeitszeit der Arbeitnehmer

Abschied vom Zeitkorsett

Früher ging es darum, seinen Arbeitstag in der Gewissheit eines absehbaren Dienstschlusses hinter sich zu bringen. Die dafür zur Verfügung stehende Zeit war meist auf acht Stunden bemessen, das Wochenende war Wochenende und nach getaner Arbeit stand schlicht und ergreifend »Feierabend« auf dem Programm von Angestellten und Unternehmern. Diese Regeln galten für die Mehrheit aller Unternehmen und Betriebe und kaum einer kam auf die Idee, sie in Frage zu stellen. Ganz im Gegenteil, sie waren vertraute Routine und strukturierten den oft faden und grauen Arbeitsalltag, in dem sie seinen verbindlichen Anfang, sein absehbares Ende und seine Halbzeit-Pause markierten.

Für diesen zeitlich so schlicht durchstrukturierten Arbeitsalltag haben Geschäftsführer, Vorgesetzte und Projektleiter heute nur noch ein müdes Lächeln übrig. »Kontrolle ist gut, Vertrauen ist besser« schrieben sich die Manager auf die Fahne und trafen unter dem Jubel der Mitarbeiter den Siegeszug der freien Zeiteinteilung an. Man war zu der Überzeugung gelangt, dass ein festgelegter Zeitrahmen als Grundpfeiler für Form und Inhalt der Arbeit unsinnig und nicht mehr »zeitgemäß« sei. Seitdem verzichtet der Unternehmer im Namen des »Vertrauensklimas« auf die Zeitkontrolle und traut seinen Mitarbeitern, dass sie auch ohne Kontrolle genauso viel arbeiten wie zuvor auch. Die feste Arbeitszeit wird zur »flexiblen Arbeitszeit« oder »Vertrauensarbeitszeit« erklärt: Keine für alle verbindlichen Arbeitszeiten, keine zwingende Anwesenheitspflicht, oft noch nicht einmal ein Zeitkonto. An die Stelle der aufgewendeten Zeit rückt nun das Ergebnis, an die Stelle der Kontrolle rückt das Vertrauen. Das bedeutet jedoch nicht, dass der Mitarbeiter völlig frei über die Einteilung seiner Arbeitszeit verfügt. Meist ist der umgekehrte Schluss der Fall und der Mitarbeiter darf sich flexibel zeigen – gibt es viel zu tun, bleibt er länger, fällt wenig an, kann er früher gehen oder später kommen.

»Wir haben keinen Stundenplan, wir haben Deadlines«, behauptete jüngst und ganz offensichtlich voller Stolz ein Angestellter der »kreativen« Branche in einem Wirtschaftsmagazin. Mit seiner Meinung steht der junge Mann aus der Werbebranche nicht allein da. Er befindet sich in bester Gesellschaft: Sei es das Callcenter in der Provinz, die etablierte Unternehmensberatung oder der Großkonzern der Automobilindustrie – die begeisterte Glaubensgemeinde, die der Mission der flexiblen Arbeitszeit folgt, hat die Kreise der Medien-, Kreativ- und Softwareunternehmen längst verlassen und wächst unaufhörlich weiter. Laut Statistischem Bundesamt hatten von knapp 33 Millionen Beschäftigten im Frühjahr 2001 nur noch 49,9 Prozent tägliche, feste Arbeitszeiten.

Das wurde auch höchste Zeit. Denn selbst in den Betrieben, die stur an den klassischen, strikt einzuhaltenden Arbeitszeiten festhielten, hat der Abschied von den festen Arbeitszeiten unter der Hand längst Einzug gehalten. So häufte sich in den Unternehmen, in denen die Stechuhr noch ihren Dienst tat, folgende Beobachtung: Mitarbeiter stempelten sich, nachdem sie die reguläre Arbeitszeit hinter sich gebracht hatten, wie gewohnt aus, gingen dann aber nicht nach Hause, sondern arbeiteten still und heimlich weiter. Selbstverständlich unbezahlt. Seit sich die Arbeitswelt von ihrem Zeitkorsett befreit hat, ist die Stechuhr nicht mehr als ein symbolträchtiges historisches Relikt der tradierten Arbeitswelt.

Wie es scheint, ist kaum noch jemand aufzutreiben, der von dem längst fälligen Abschied von den regulären Arbeitszeiten überzeugt werden müsste. Unternehmensvorstände, Personalchefs, Management und Mitarbeiter marschieren einig Hand in Hand und feiern den Triumph der selbstbestimmten und freien Zeiteinteilung über die altbackenen, festen Arbeitszeiten in der Arbeitswelt.

Wie schwierig es ist, ohne den festen Zeitrahmen, der über den entstandenen Aufwand und den Umfang der Leistung Auskunft gibt, selbst darüber zu entscheiden, in welchem zeitlichen Rahmen man seine Arbeit erledigt, merken die meisten schnell. Hinzu kommen meist übertriebene Zielsetzungen und damit die Angst, immer noch nicht genug getan zu haben und noch mehr tun zu können. Auch wenn das Gefühl, dass es immer noch mehr und anderes zu tun gibt, dem Mitarbeiter auch schon vor dem Einzug der flexiblen Arbeitszeiten vertraut war, so blieb ihm damals nichts anderes übrig, als eben die Arbeit zu erledigen, die in der zur Verfügung gestellten Zeit zu schaffen war.

Anders sieht das heute aus: Wenn sich die Vorgaben auf den Termin der Fertigstellung und das Ergebnis, das bis zu diesem Zeitpunkt vorzuliegen hat, beschränken, liegt es völlig im Ermessen des Mitarbeiters, wie viel Zeit er investiert. Alles eine reine Frage der Organisation und des ausgeklügelten Zeitmanagements, sagen die Coachs und Personaltrainer. Denn schließlich seien die Mitarbeiter ja auch außerhalb der Berufswelt sehr wohl in der Lage, die täglichen Anforderungen des Lebens selbstständig und frei von zeitlichen Vorschriften zu meistern. Warum sollte das nicht auch für die Arbeit gelten?

Doch auch Unternehmen mit »Vertrauensklima« – in dem man sich morgens zum Joggen und mittags zum Kindergeburtstag abseilt – befinden sich nicht im luftleeren Raum. Da gibt es störende Größenwie den Markt, die Auftraggeber und Kunden, die Ergebnisse und Leistungen fordern, und mit ihnen Termine und Absprachen, die eingehalten werden müssen. Die sind keineswegs zugleich mit den Arbeitszeiten abgeschafft worden und deren Anforderungen haben sich keineswegs geändert. Ganz im Gegenteil: In Zeiten der Ergebnisorientierung und der erwünschten Nähe zum Markt diktieren sie den Rhythmus der Arbeit mehr denn je. Deren Verständnis für erkrankten Nachwuchs, anstehende Familienfeste oder einen Kurztrip nach Sylt, die einen von der Arbeit abgehalten haben, hält sich dann auch in Grenzen. Es geht nach wie vor um die vereinbarte Leistung zum vereinbarten Termin und daran hat auch die »neue Arbeitswelt« nichts geändert.

Die zentrale Frage lautet deshalb auch weniger: Wann fange ich an zu arbeiten?, sondern: Wann höre ich wieder damit auf? Es ist die alte Geschichte von den Hausaufgaben, die man auf dem Schulweg im Bus fertig stellte: Prinzip »Last Minute«. Nur, dass der Busfahrer damals keine Sonderrunden eingelegt hat, damit man mit all seinen Hausaufgaben, Klausurunterlagen und Rechenformeln auch rechtzeitig fertig wurde. Ganz anders seit dem Einzug der flexiblen Arbeitszeiten, die einer Art endloser Busfahrt ähneln und sich in langen, arbeitsreichen Büronächten niederschlagen.

Rund um die Uhr

So bedeuten die flexiblen Arbeitszeiten für die meisten, ehe sie sich versehen, vor allem eines: Mehr Zeit für die Arbeit und weniger Zeit für anderes, denn in gleichem Maße, wie Zeitkonto und die objektive Zeiterfassung abgeschafft werden, verschwindet auch die Überstunde. Was nicht erfasst wird, gibt es auch nicht. Jeder hat sich an den vertraglich vereinbarten Arbeitszeiten zu orientieren und wer sein Arbeitspensum in der Zeit nicht schafft, der muss eben nachsitzen. Es liegt auf der Hand, dass die Abschaffung der Kernarbeitszeiten eine nicht unwesentliche Erhöhung der Arbeitszeit mit sich gebracht hat, auch wenn diese in einigen Unternehmen gar nicht mehr offiziell erfasst wird.

Das hat weitere – durchaus paradoxe – Folgen: So merkwürdig dies auch klingen mag, der Abschied von verbindlichen Arbeitszeiten als Maß für die erbrachte Leistung führt genau betrachtet zu einer Aufwertung der geleisteten Arbeitszeit.

Zuerst aufgetaucht ist dieses Phänomen auf dem Abenteuerspielplatz der Wirtschaft: Beim Start-up in der Boomphase der New Economy. Hier galt es lange Zeit als besonders schick, so viel wie möglich statt so wenig wie nötig zu arbeiten. Wenn das Büro das Zuhause ist, konnte man auch guten Gewissens die eine oder andere Runde Kicker einschieben, spät nach Hause ging man eh. Eine Nacht vor dem Rechner und ohne Schlaf gehörte zum guten Ton. Augenringe und Magenknurren galten als Zeichen des Erfolgs, ebenso der leere Kühlschrank daheim. Kurzum: Keine Zeit für etwas anderes als die Firma zu haben galt schlichtweg als sexy. Diesem damals entstandenen Leitbild folgen heute längst nicht mehr nur die Mitarbeiter der klassischen Branchen fehlender Feierabendgewissheit wie Produktionsfirmen, Multimediabüros oder Werbeagenturen, sondern zunehmend auch Angestellte der traditionellen Unternehmen.

Über die Maßen zu arbeiten hat sich als Sinnbild für Engagement im Beruf etabliert, denn es verweist darauf, wie wichtig und unersetzbar man dort ist. Die Anerkennung von Kollegen, Zeitgenossen und nicht zuletzt dem Chef ist demjenigen sicher, der abends als Letzter das Unternehmen verlässt.

Es gehört längst zum guten Ton, mit »Nachtschichten« vorm Computer zu prahlen oder beiläufig zu erwähnen, dass man sich das Wochenende zum wiederholten Male hinter den Büromauern um die Ohren geschlagen hat. Diesem Ideal huldigt auch das Webmagazin *Designer in Action*. Dort haben Ich-Aktien und Selbst-GmbHs die Möglichkeit, mit einem Foto ihren Arbeitsplatz der Öffentlichkeit zu präsentieren und ein paar Statements über ihre Arbeit zum Besten zu geben. Den Erläuterungen zu den rund fünfzig dort aufgelisteten Fotos von Arbeitsplätzen ist vor allem eines gemeinsam: Man betont, dass die Aufnahmen keinesfalls werktags zwischen 8 und 18 Uhr entstanden sind und man überhaupt in Arbeit untergehe und schon gar nicht mehr wüsste, wo einem der Kopf steht. Auf den Fotos untermauern inszeniertes Chaos und bisweilen die ein oder andere auf dem Schreibtisch platzierte Bierflasche den gewünschten Eindruck des neuzeitlichen, unabkömmlichen Rund-um-die-Uhr-Malochers. Hätte sich in den Reihen dieser Arbeitsplatz-Peepshow einer unserer Mitarbeiter befunden, wäre das ein zwingender Anlass für eine ernste Aussprache gewesen.

Ganz anders sieht das anscheinend die Mehrzahl der Arbeitgeber und Unternehmer. Wer denkt, hier sei mit Beschwerden zu rechnen oder es werde gar die Forderung nach regulären Arbeitszeiten laut, liegt völlig falsch. Der Gedanke, dass eine schlechte Arbeitsorganisation, auf die das Chaos und die Bierflasche schon hindeuten, ihren Anteil daran haben könnte, dass man auch noch spät in der Nacht und am Wochenende (die beliebteste aller möglichen Kombinationen) arbeiten muss, anstatt sich das wohlverdiente Feierabendbier zu genehmigen, taucht gar nicht erst auf.

Viele Unternehmer scheinen nach wie vor zutiefst erfreut über die Abkehr von der regulären Arbeitszeit. Nicht dass ihrem liberalen

Geist daran liegen würde, dass der Mitarbeiter – nun endlich von dem Korsett der festen Arbeitszeit befreit – selbstbestimmt über seine Zeiteinteilung entscheiden kann. Die Unternehmensbosse von heute sitzen einem ganz anderen Trugschluss auf: Feste Arbeitszeiten hätten lange genug als Versteck für all die Faulen und Trägen hergehalten, die ihre Arbeit getreu dem Motto »so viel wie nötig, so wenig wie möglich« abgesessen haben. Der Urtyp dieses Feindbildes ist der träge Beamte, der ohne Engagement, Elan und Ergebnisorientierung seinen »Dienst nach Vorschrift« mit Trödeleien, Pausen, Tratsch am Kaffeeautomaten und Tetrisspielen hinter sich bringt. Kein anderer Arbeitnehmertypus hat auf so eindrucksvolle Weise gezeigt, dass die aufgewändete Arbeitszeit allein noch lange keine Auskunft über die in dieser Zeit erbrachte Leistung gibt. Wird hingegen freiwillig gearbeitet und dann noch länger und öfter als ursprünglich vereinbart, scheint die Milchmädchenrechnung, Zeit als Indiz für Leistung zu betrachten, wieder aufzugehen: »Nicht selten bemessen Vorgesetzte die Leistungsfähigkeit, Einsatzfreude und Motivation eines Angestellten überwiegend anhand von dessen Präsenzzeiten im Unternehmen«, betont eine Untersuchung des Psychologischen Forums Offenbach. Die viel zitierte Ergebnisorientierung steht auf einem ganz anderen Blatt.

Von der Aufwertung der Arbeitszeit als Ausweis für Leistung und Engagement erzählt auch die Geschichte einer größeren Kölner Werbeagentur: Aufgekratzt und voller Stolz verkündeten die Geschäftsführer, dass der Mitarbeiter, der die meisten Stunden, Abende, Nächte und Wochenenden in der Agentur zubringt, als Belohnung am Wochenende das eigens dafür angeschaffte Firmencabrio nutzen dürfe.

Die Folgen der permanenten Überforderung, die mit einer Arbeit einhergeht, die jegliches zeitliche Maß verloren hat, werden übergangen. Auch wenn es nicht zu den Aufgaben eines Unternehmers zählt, Mitgefühl für seine Angestellten aufzubringen, sollte ihm aber doch zumindest aus wirtschaftlicher Sicht daran gelegen sein, dafür zu sorgen, dass sie in der Lage sind, ihre ganze Leistung zu bringen und ihre Aufgaben effizient zu bewerkstelligen. Dabei kann es ihm rein theoretisch zwar egal sein, ob jemand nun acht oder zehn Stunden braucht, um seine Arbeit zu erledigen, doch die zehn Stunden bleiben nicht ohne Folgen: Um auf Dauer effizient arbeiten zu können, sind ständige Belastung und wenig Schlaf und wenig Zeit für einen Ausgleich zum Job im Privaten nicht sonderlich hilfreich. Ganz im Gegenteil.

So stellten die Weltgesundheitsorganisation und das Internationale Arbeitsamt in einer Studie über die Seelenlage der Arbeitnehmer heraus, dass allein in Europa über 37 Millionen Männer und Frauen an beschäftigungsbedingten Depressionen leiden, die die Unternehmen jährlich 80 Mrd. US-Dollar kosten. Die Ursachen legt die Untersuchung gleich mit auf den Tisch: Das permanente Streben nach Profit und die damit einhergehende Belastung. Kurzum, die gesundheitlichen und psychischen Folgeschäden der ständigen und hohen Arbeitsbelastung der Mitarbeiter kommen das Unternehmen teuer zu stehen und sind wirtschaftlich gesehen nicht mehr tragbar.

Dieses Ergebnis untermauert auch die Erzählung des Chefs einer Softwarefirma im Fränkischen, den die in seinem Unternehmen zelebrierte »Vertrauensarbeitszeit« vors Gericht brachte. Bei einer Routinekontrolle waren dem Gewerbeaufsichtsamt die Stundenzettel seiner Angestellten in die Hände gefallen, die kaum einen Tag unter zehn Stunden auswiesen. Die Spitze markierte ein Projektleiter, der regelmäßig bis zu zehn und auch schon mal 15 Stunden malochte und, noch ehe es zur Anklage gegen seinen Chef kam, an Herz-Kreislauf-Versagen verstarb.

Die Stechuhr sind die anderen

Wer sich darauf beschränkt, ein zeitlich vernünftiges Arbeitspensum zu leisten, gilt schnell als Außenseiter, Versager und Spielverderber. Wenn die Mehrheit des Teams regelmäßig bis um 21 Uhr bleibt, erfordert es Mut, Entschlossenheit oder zumindest einen guten Grund, früher das Weite zu suchen. Da bringt es auch nichts, wenn man die Mittagspause und den Plausch in der Kaffeeküche kurz gehalten hat und geschafft hat, was zu schaffen war. Wer um sechs Uhr abends, nach acht Stunden gewissenhafter Arbeit, seine sieben Sachen packt, um den Heimweg anzutreten, und das Firmengelände auch am Wochenende nicht betritt, macht sich verdächtig.

Dabei gilt, dass Unternehmer und Vorgesetzte den Takt angeben und der Rest folgt. Was für Standards das sind, lässt eine von Lexmark Ende 2001 in Auftrag gegebene Studie über die Arbeitszeiten der Führungskräfte vermuten: Deutsche Manager und Geschäftsführer arbeiten in der Regel fast elf Stunden pro Tag und nahezu jedes Wochenende. In der »freien Zeit« stehen Kundenpflege und Geschäftsreisen auf dem Programm.

Die Stechuhr, das sind die anderen. Jeder, der einmal die Blicke seiner Kollegen im Rücken gespürt hat, als er seinen Schreibtisch aufräumte und sich verabschiedete, während die anderen noch über ihrer Arbeit saßen, kann ein Lied davon singen. Wiederholtes Verlassen der Arbeitsstätte vor dem allgemeinen Aufbruch sei keinem zu raten. So etwas kommt einem Vertrauensmissbrauch gleich und wird über kurz oder lang damit geahndet, dass die Kaffeeküche sich zügig leert, sobald man sie betritt. Erst wenn sich eine allgemeine Aufbruchstimmung breit macht und die Ersten ihre Taschen packen, ist es gestattet, zaghaft auf den Feierabend zu hoffen.

»Das System beruht nicht auf Zwang, sondern auf Druck. Wenn sich jemand entscheiden will weniger zu arbeiten, stößt er auf beinahe unüberwindliche Schwierigkeiten, die der Eigendynamik sozialer Prozesse im Unternehmen unterliegen. Er hat mit mobbingähnlichen Reaktionen zu rechnen. Ihm wird signalisiert: Wir als Team können es uns nicht leisten, dass du dich an die vereinbarten Arbeitszeiten hältst«, beschreibt der Betriebsrats- und Unternehmensberater Klaus Peters das Dilemma.

Arbeit mit Anfang und Ende

Wenn auch noch zögerlich und vereinzelt, so mehren sich doch die Stimmen von Arbeitnehmern und Unternehmern, die einsehen, was für Fallstricke sich hinter der flexiblen Arbeitszeit in der Praxis offenbaren. Die enorm gestiegene Zahl psychosomatischer Beschwerden als Ergebnis der beruflichen Belastungen und nicht zuletzt die aus Amerika herübergeschwappte Work-Life-Balance-Bewegung, die vordergründig ein ausgewogenes Verhältnis von Beruf und Freizeit propagiert, deuten in diese Richtung.

Die vom Korsett der Arbeitszeiterfassung befreite Arbeitswelt beginnt zu straucheln. Das Hamburger Büro Philipp und Keuntje von dem Magazin *PAGE* nach den Methoden zur Steigerung der Kreativität befragt, antwortet: »Wir achten darauf, dass die Leute so einigermaßen pünktlich Feierabend haben. Denn bevor man kreativ sein kann, muss man nämlich erst mal ausgeschlafen sein.« Selbst aus einem überlebenden Start-up der New Economy sind einsichtige Töne zu vernehmen. So wurde den Mitarbeitern eines Internet-Portals mitgeteilt, zehn Stunden Arbeit am Tag wären genug.

Der Arbeit ohne Anfang und Ende muss Einhalt geboten werden. Der Ruf nach einer Arbeitswelt wird lauter, die vor Überforderung schützt, indem sie die Dauer und damit den Umfang der Arbeit bewusst zeitlich einschränkt und dem Mitarbeiter eine portionsgerechte, zeitlich begrenzte Arbeit serviert. Der »Zugriff auf den ganzen Menschen«, so Klaus Pickshaus von der IG Metall, »wird sich nur dann vermeiden lassen, wenn das Lohn-Leistungs-Zeit-Verhältnis wieder neu bestimmt wird, und zwar jenseits individueller Zielvereinbarungen«.

Der Arbeitstag beginnt im Büro Mair u. a. um 9.00 Uhr, um 13.00 Uhr steht mindestens eine halbe Stunde Mittagspause auf dem Programm, spätestens um 18.00 Uhr ist Schluss und dann verlässt auch der Letzte das Büro. An Wochenenden wird grundsätzlich nicht gearbeitet. Die Mitarbeiter haben keinen Schlüssel zu den Büroräumen und somit auch gar nicht die Möglichkeit, dort außerhalb der Geschäftszeiten aufzutauchen.

Die Arbeitszeiten sind verbindlich und markieren das maximale Zeitpensum. Vollzeit-Beschäftigungsverhältnisse sind die Ausnahme. Wir bemühen uns, allen Mitarbeitern entgegenzukommen und maßgeschneiderte Lösungen für sie zu finden. Diese sind dauerhaft angelegt und firmenintern aufeinander abgestimmt. Die einmal fixierten Zeiten sind verlässlich einzuhalten. Wer jeden Tag nach Lust und Laune entscheiden will, wann er aufkreuzt, ist in diesem Unternehmen fehl am Platz. Kommt jemand zu spät, geht vor Dienstschluss oder macht mittags keine Pause, wird dies festgehalten. Sollte es sich wiederholen, gibt es eine schriftliche Ermahnung.

Auflösen, Ausdünnen, Abschaffen

Wir übten mit aller Macht, aber immer wenn wir begannen zusammen-
geschweißt zu werden, wurden wir umorganisiert. Ich habe später im
Leben gelernt, dass wir oft versuchen, neuen Verhältnissen durch
Umorganisieren zu begegnen. Es ist eine phantastische Methode!
Sie erzeugt die Illusion des Fortschritts, wobei sie gleichzeitig Verwirrung
schafft, die Effektivität mindert und demoralisierend wirkt.

GAIUS PETRONIUS, RÖMISCHER POLITIKER, 66 N.CHR.

Der Fetisch des Wandels

Die Firma als einheitliche und stabile Größe mit ihren verbindlichen
Strukturen und ihrem typischen sozialen Gerüst macht zur Zeit als
Auslaufmodell von sich reden. Seit eine schnelle Reaktions- und
Wandlungsfähigkeit zum obersten Gebot für die Organisation eines
Unternehmens erklärt wurde, läuft das dezentrale und dynamische
Netzwerk dem lokalen Betrieb mit seinen gewohnten Prozessen und
seiner vertrauten Routine den Rang ab. Allein der Markt diktiert den
Rhythmus, Erfahrungen gelten als unbrauchbar, Ziele wie Langfris-
tigkeit und Stabilität als Garanten für den sicheren Tod eines Unter-
nehmens. »Ohne Wandel kein Wachstum«, prophezeit der Marke-
ting-Guru Tom Peter und erklärt Wandlungsfähigkeit zum obersten
Gebot jeder Organisation. »Das einzig Beständige ist der Wandel«,
glaubt auch Stephan Zinser vom Marktstrategieteam New Work De-
velopment im Fraunhofer Institut für Arbeitswirtschaft und Organisation (IAO). Der Internet-Buchhändler Amazon listet unter dem
Stichwort »Change Management« 136 Buchtitel auf und Peter Scott
Morgan u. a. versprechen in dem gleichnamigen Buch *Stabilität*
durch Wandel: »Organisationen, die viel und systematisch lernen
und ihr Wissen effektiv managen, sind besser als Organisationen, die
weniger oder gar nicht lernen. So lautet die allseits akzeptierte Annahme hinter der Idee der lernenden Organisation. Je stärker man
sich wandelt, desto besser funktioniert die Anpassung an die verän-
derten Umweltbedingungen«, bringt Stefan Kühl die momentane

von der Managementliteratur propagierte »Denke« in Unternehmer-
kreisen auf den Punkt.

Die Logik dahinter ist die immer wieder gleiche: Wissensökonomie, Globalisierung und Informationstechnologie beschleunigen die
Märkte und steigern den Konkurrenzdruck. Wer überleben will,
muss flink und wendig sein, sich blitzschnell den neuen Anforderungen des Marktes anpassen und Nischen erkennen und zügig besetzen. Symbiotische Verbindungen verzahnen sich zu dynamischen
Netzwerken, strategischen Allianzen und opportunistischen Partnerschaften. »Innovation durch Kooperation« lautet die dazugehörige populäre Formel.

Alles scheint möglich in der neuen Wirtschaftswelt, man muss die
Möglichkeiten nur beim Schopfe packen. Möglichst alles auf einmal
und in Echtzeit, wie uns das Just-in-time-Büro glauben machen will.
Das schleppende und kontinuierliche Tempo einer evolutionären
und gewachsenen Entwicklung ist für ein Unternehmen, das sich der
Innovation und dem Fortschritt verschrieben hat, nicht mehr tragbar.
Man redet offen von der Revolution der Märkte, der Wirtschaft und
nicht zuletzt des Unternehmens.

Das Unternehmen im Übergang wird zum Dauerzustand. Die vorschnelle Bejahung jeglicher Art von Veränderung hat sich längst als
zeitgemäßes Synonym des Fortschritts etabliert. So verbringt ein
Großteil der Unternehmen von heute eine Menge Zeit damit, sich
immer wieder neu zu erfinden. Der Stillstand muss als Feindbild
herhalten: Hauptsache alles anders, nur nicht so, wie gehabt, wer
rastet, der rostet. Das Verhalten des Unternehmens entspricht dem
eines Chamäleons: Es passt sich in seinem Erscheinungsbild und seiner Haltung der »Umwelt« an, es gliedert sich ein. Um bloß nicht als
Verlierer dazustehen, folgt es blind dem Rhythmus der Umwelt.

Ein Unternehmen wird, wie es gerade passt und gewünscht wird,
immer wieder aufs Neue beliebig entkoppelt, vernetzt, beschnitten
und sortiert oder als zentraler Ort der Zusammenkunft vollkommen
aufgelöst, wie es das virtuelle Büro vormacht. Regeln werden über
Bord geworfen oder zu Gunsten neuer Erkenntnisse völlig aufgegeben. Die neuesten, noch druckfrischen spekulativen Management-
ansätze warten darauf umgesetzt zu werden. Es wimmelt von
Testphasen, Arbeitsmodellen auf Probe, Konzeptpapieren und Expe-

rimenten. Es wird restrukturiert, dezentralisiert und zerstückelt, wo es nur geht: Betriebe zerfallen in sich selbst steuernde Profit-Center, Service-Center und splittern sich in Subeinheiten und eigenverantwortliche Business-Units auf, die autonom »auf eigene Rechnung« am Markt operieren.

Loyalität? Zusammengehörigkeit? Von wegen, allein der Preis entscheidet. Seit die ehemalige Nachbarabteilung vom Flur nebenan als autonomes Profit-Center ausgegliedert wurde, muss der Preis überzeugen, damit man auch weiterhin mit ihr zusammenarbeitet. Wenn nicht, geht man eben zur Konkurrenz.

Die Chamäleonisierung des Unternehmens und damit die strikte Ausrichtung seiner Organisation an einem Höchstmaß an Reaktions- und Wandlungsfähigkeit bleibt nicht ohne Folgen. Im Zuge dieses Wetteiferns um eine möglichst dynamische, virtuelle und flexible Organisation kommt den meisten Unternehmen über kurz oder lang das abhanden, was man landläufig als Substanz und Zentrum bezeichnet. Als formbare und konturlose Masse wird es modellierbar. Prozesse laufen auseinander, statt zusammengehalten und gebündelt zu werden. Übrig bleibt lediglich eine dünne Hülle, ein »loses Nebeneinander« ohne Bezugsrahmen. Es existiert kaum noch ein allgemeingültiges und verbindliches Bild des Unternehmens: Es läuft Gefahr, austauschbar zu werden und sein ihm eigenes Profil zu verlieren. Entwurzelung und Gleichmacherei machen sich breit.

Wer zwanghaft an der Wandelbarkeit eines Unternehmens festhält, setzt damit seinen Charakter und seine Autonomie aufs Spiel. Was bleibt, ist ein opportunistischer, zusammenhangsloser, gesichtsloser, wandelbarer Klumpen, dessen Aufgabe darin besteht zu reagieren.

Die Entwertung von Wissen und Erfahrung

Der Wandlungswahn trifft zielsicher die wichtigste Ressource des Unternehmens: Den Mitarbeiter. Kaum ist er mit Vorgehensweisen und Abläufen vertraut, muss er damit rechnen, dass sie schon wieder an Bedeutung verlieren. Da kann es schon mal passieren, dass er morgens seinen vertrauten Arbeitsplatz nicht mehr findet, er wöchentlich in einem neuen Team landet, die anstehende Kalkulation dem spontanen Brainstorming zum Opfer fällt und statt des von langer Hand geplanten Familienwochenendes das Motivationstraining in der Stadthalle auf dem Programm steht. Sicherheiten gibt es kaum, auch nicht darüber, ob man morgen überhaupt noch gebraucht wird.

Dabei ist und bleibt der Mitarbeiter die lebenswichtige Ressource eines jeden Unternehmens. In ihm bündelt sich die Substanz des Unternehmens in Form von Wissen, Erfahrung und nicht zuletzt Qualifikation und Talent. Um diese zu entfalten und in seine Arbeit einzubringen, braucht der Beschäftigte Kontinuität und Regelmäßigkeit, die es ihm ermöglichen, sich an Abläufe und Strukturen zu gewöhnen, statt sich mit immer wieder neuen Strukturen zu arrangieren. Das Unternehmen im Übergang fordert aber immerzu das eine: Die begeisterte und bedingungslose Anpassung des Mitarbeiters an immer wieder neue Gegebenheiten. Bisherige Arbeitsbereiche, vertraute Vorgehensweisen und Verantwortlichkeiten werden neu gemischt und ausgehandelt. Der Mitarbeiter springt von einem Team ins nächste, wird aus der vertrauten Abteilungen gerissen und aus laufenden Projekten herausgewunken und in neu gegründete Business-Units verschlagen, wo er dann schauen kann, wie er »neue Marktnischen« auftut und »Innovationen« anstößt.

Dabei bleiben immer wieder bereits erworbenes Wissen und gesammelte Erfahrungen auf der Strecke. Noch ehe sie genutzt werden und zum Einsatz kommen, werden sie entwertet und nutzlos gemacht. Sie fallen unter den Tisch, da sie in neuen Organisationsmodellen und Zuständigkeiten nicht mehr verwertet werden können. Nicht einmal ein gezieltes Recycling dieser Erfahrungs- und Wissensreste scheint in Sicht. So gehen bei jedem Wandel essenzielle Vorräte an Erfahrungen und Wissen verloren, die sich im Laufe der Zeit zu einem beachtlichen Berg anhäufen, der zu Gunsten der strukturellen Revolution in Vergessenheit gerät. Wo gehobelt wird, da fallen Späne, heißt es dann.

Dabei sein ist alles

Wenn man nicht mehr anwesend sein muss, um teilzunehmen, gehören auch der eigene Schreibtisch, die Lieblingskaffeetasse, der neueste Klatsch über den Flurfunk und der Aktenschrank zum alten Eisen. Verbindliche soziale und räumliche Strukturen werden systematisch aufgelöst. Wo und wann gearbeitet wird, spielt kaum noch eine Rolle. Dabei sein ist alles, anwesend sein ab jetzt zweitrangig, Hauptsache, der Mitarbeiter ist erreichbar.

Teamarbeit, ständige Verfügbarkeit und eine ausgefeilte Kommunikationstechnik: So lauten die Schlagwörter der neuen Arbeitskultur. »Entfernung ist ein Auslaufmodell. Das globale Dorf ist da. Kein Geschäftspartner ist buchstäblich mehr als sechs Zehntel einer Sekunde (gemessen an der Lichtgeschwindigkeit) vom anderen entfernt«, prophezeit der Messias der neuen Arbeitswelt, Tom Peters. Seit das lästige Hindernis der zeitlichen und räumlichen Distanz überwunden scheint, kann der verpflichtende Gang in die Firma mehr und mehr entfallen: »Der Mitarbeiter kann von überall aus arbeiten. Entscheidend ist, dass er in kürzester Zeit mit seinem Unternehmen kommunizieren kann. (…) Entweder Business mit Internet oder kein Business – und das gilt vor allem für den Mittelstand Deutschlands«, lässt Günter Junk, Vice President und Geschäftsführer von Cisco Systems Deutschland, verlauten.

Von seinem vertrauten Arbeitsplatz mit seiner persönlichen Infrastruktur und dem individuellen Ordnungssystem, von seinen ans Herz gewachsenen Büchern mit ihren markierten Seiten und von der Sammlung von losen Seiten, Studien und ausgerissenen Zeitungsartikeln muss sich der moderne Wissensarbeiter verabschieden. Ein paar verschließbare Schubladen in einem selbstverständlich mobilen Schränkchen reichen oftmals für das Nötigste, viel kann das eh nicht sein, denn im Büro der Zukunft ist man bemüht, papierlos zu arbeiten.

Plug-and-work steht heute auf dem Programm: Man fährt den Rechner hoch, loggt sich ein und vernetzt sich mit Menschen und Informationen – los geht's. Der Zentralserver liefert die nötigen Informationen, digitale Dokumente machen meterlange Aktenschränke und pompöse Arbeitsunterlagen nichtig.

Keine lästige Infrastruktur, keine großen Anschaffungen. Um zum

»mobilen Networker« zu werden, braucht es nicht viel, wenn man der Werbung für ein Mobiltelefon Glauben schenkt: »Das mobile Office: Im neuen ME45 steckt Ihr komplettes Büro. Der Organizer vereint ein komplettes Adressbuch mit bis zu 14 Einträgen je Kontakt, Notiz-Funktionen, Kalender mit Alarm-Liste und eine Aufgabenliste. In Verbindung mit einem PDA oder Laptop können E-Mails empfangen und gesendet werden. Das Adressbuch und der Kalender können mit Outlook abgeglichen werden.«

Man schwärmt von »Flexible Offices« als kleine wandlungsfähige Zellen, wo jeder dort die Arbeit aufnimmt, wo gerade Platz ist, und auf die Infrastruktur zurückgreift, die er gerade braucht. Telearbeit und Telecomputing verwandeln die eigenen vier Wände in ein Büro. Wenn gewünscht auch mit der virtuellen Unterstützung der Kollegen, die sich »home-based« oder »center-based« zur Arbeit einfinden. Interaktive Kooperationsgemeinschaften werden im Wochenrhythmus neu zusammengestellt und arbeiten tagtäglich zusammen, ohne sich jemals zu Gesicht zu bekommen. Knowledgeworker finden sich im »Mobile Future Office« spontan zur Projektarbeit ein und lassen Wirklichkeit und Datenwelten verschmelzen. Man muss sich nicht mehr sehen, geschweige denn kennen, um intensiv zusammenzuarbeiten.

Auch Roomware-Konzepte und Space Reduction Programs finden in mehr und mehr Unternehmen Anklang: IBM zum Beispiel folgt dem Prinzip des »Shared Desk«, des geteilten Schreibtisches. Rund ein Fünftel aller Mitarbeiter verbringen die Hälfte ihrer Arbeitszeit außerhalb der Firmenmauern, auf Kosten des Unternehmens mit Laptops ausgerüstet und online mit dem Unternehmen verbunden. Der Autoriese Ford stattet seine Beschäftigten mit kostenlosen PCs samt Zugang für das firmeneigene Intranet aus, Siemens beschäftigt 1500 Teleworker und 9000 Mobilarbeiter und bei der Beraterfirma Arthur Andersen in Paris teilen sich 1200 Mitarbeiter nur 700 »räumliche« Arbeitsplätze.

Zu Hause ist man in der großen weiten Welt: Wen interessiert es da noch, dass Microsoft Deutschland in Unterschleißheim sitzt. Auch der Firmensitz von Bertelsmann im wenig global anmutenden Gütersloh ist nicht weiter tragisch, arbeiten doch eh nur 400 von weltweit insgesamt 75 000 Mitarbeitern dort vor Ort.

Wie einst der Berg zum Propheten kommt nun der Mitarbeiter nicht mehr zur Arbeit, sondern sie zu ihm. Der neuzeitliche Arbeitnehmer turnt mit Laptop, Wap-Handy und Standleitung zum firmeneigenen Server zwischen Kunde, Büro, ICE, Gangway und Eigenheim umher. Das mobile Büro ist überall. Arbeit braucht kein Zuhause mehr, sie wird ortlos, löst sich auf und verliert ihre lokale Zugehörigkeit und Sesshaftigkeit. Ohne Kontur und Grenzen breitet sie sich immer weiter aus und schlüpft in jede Ritze, die sie findet.

Der Leidtragende der fortschreitenden »Auflösung« des Unternehmens ist wieder einmal der Mitarbeiter. Statt an seinem vertrauten Arbeitsplatz Platz nehmen zu können, ringt er mit seinem Kollegen um einen Sitzplatz im mobilen Workoffice, wird er unter dem Stichwort Mobilität in die Provinz verfrachtet und schließlich mit Laptop und Handy bewaffnet zum Arbeiten nach Hause geschickt.

Auf seine Mobilisierbarkeit reduziert besteht die Leistung des »unternehmerischen Mitarbeiters« vor allem darin, jederzeit im »Dienst der Firma« verfügbar zu sein. Dass auch die räumliche Auflösung das Arbeitszeitkonto ansteigen lässt, versteht sich von selbst. So verweist das Unternehmen Intel, das gut 80 Prozent seiner Mitarbeiter mit mobilen PCs ausrüstete, stolz auf den damit erzielten »Produktivitätsschub«. Eine interne Untersuchung hatte gezeigt, dass die mobil gemachten Mitarbeiter durchschnittlich elf Stunden pro Woche länger mit dem Computer arbeiten als ihre Kollegen am Desktop-PC in den Firmenräumen.

»Indem wir unseren Mitarbeitern die Gelegenheit bieten, selbst bestimmen zu können, wann, wo und wie sie arbeiten und auf Informationen zugreifen möchten, verleihen wir unserem Unternehmen einen zusätzlichen Schub an Dynamik, Flexibilität und Wettbewerbsfähigkeit«, erklärt Louis Burns, Vice President und General Manager bei der Intel Platform Components Group. Einen weniger euphorischen Arbeitsalltag zeichnet Thomas Finkemeier in einem Bericht der *VDI-Nachrichten*: »Es vergeht kein Wochenende, an dem nicht mindestens einmal das Handy klingelt und etwas Geschäftliches zu besprechen ist … ›Für Dich, Schatz … es ist die Firma‹, wird der Arbeitnehmer auch am Feierabend ans Telefon gerufen. Mal eben die dienstlichen E-Mails checken, wenn man am privaten PC ins Internet surft? Selbstverständlich. Den geschäftlichen Anruf entgegennehmen, auch wenn er das Tennismatch unterbricht? Na klar. Am Samstagabend die Mailbox im Büro abhören, ob nicht vielleicht was Wichtiges … Sicher, auch das.«

Die physische Begrenzung des menschlichen Körpers, die sich auch darin zeigt, immer nur an einem Ort sein können, wird aufgehoben: Ständig mit allem verbunden und für alles empfänglich, wird Erreichbarkeit und Verfügbarkeit zur Pflicht. Einfach nicht da gewesen zu sein, ist eine Entschuldigung, mit der man bald nicht mehr durchkommen wird.

Vor Ort – statt nur dabei

Unter dem Vorwand der Vernetzung geht es nur noch um eines: Die optimale Verfügbarkeit, den schnellen Zugriff und die effiziente Nutzung sämtlicher Ressourcen. Und das betrifft nicht nur den Prozess der Arbeit, sondern auch den Arbeitnehmer: Als Rohstofflieferant der Wissensökonomie wird er mehr und mehr entmaterialisiert. Als in Zeit und Raum verankerte Person mit seinen typischen physischen und sozialen Eigenarten kommt er nicht mehr so recht zum Zuge, da die dafür nötigen sozialen und verbindlichen Strukturen in diesem System fehlen: Der persönliche Kontakt, den die vergangene, auf Zeit, Ort und Kontinuität ausgerichtete Arbeitswelt als selbstverständlichen »Nebeneffekt« mit sich brachte, ist nicht mehr zwingend notwendig. Der kleine Plausch in der Mittagspause und der Kollege als treuer Mitstreiter und gewohntes Gegenüber sind der mobilen, kurzfristigen und oftmals rein virtuellen Projektarbeit zum Opfer gefallen. Aus dem Vorgesetzten wird ein »Vorgenetzter« und der Kollege ist nicht länger ein Weggefährte aus Fleisch und Blut, sondern ein temporärer Netzwerk-Partner, von dem man oft noch nicht einmal das Alter, geschweige denn die Nase kennt. Was zählt, ist der von ihm gelieferte »Rohstoff«: Sein Know-how und Wissen.

Diese virtuellen Netzwerke machen es dem Arbeitnehmer fast unmöglich, soziale Beziehungen zu Kollegen zu entwickeln. Ein Unternehmen, dessen Sitz nicht mehr als Anlaufstelle und Herberge für seine Mitarbeiter dient, wird zu einer schwer zu fassenden, abstrakten Größe.

Gerade in Zeiten des Wandels und der Auflösung muss ein Unternehmen gegensteuern und sich durch Kontinuität und Verlässlichkeit auszeichnen, um für seine Mitarbeiter einschätzbar und greifbar zu bleiben. Dabei wird insbesondere die Funktion des Firmensitzes unterschätzt. Der Ort stiftet Identität und Zugehörigkeit. Er ist es, der einen unmittelbaren Eindruck von dem Unternehmen, seiner Größe, der Atmosphäre oder den Mitarbeitern liefert. Jeder Unternehmer, der sich daran macht, den Ort der Arbeit und die mit ihm verbundenen Arbeitsprozesse so weit wie möglich auseinander zu dividieren und zu virtualisieren, setzt die Verbindlichkeit und die Loyalität seiner Mitarbeiter aufs Spiel.

Erst der konkrete Raum bietet auch Raum für soziale Beziehungen, ermöglicht Loyalität gegenüber dem Unternehmen, Solidarität gegenüber den Kollegen und macht ein Unternehmen unverwechselbar. Und diesen Raum gilt es mehr denn je zu schützen, zu gliedern und zu strukturieren. Eine durchrationalisierte und raumlose Arbeitsform kommt dem kreativen und innovativen Denken und Wissen des Mitarbeiters nicht wirklich zugute.

Einige Unternehmen haben die Kippbewegung, die der verlorengegangene Ort und die verdorrten sozialen Strukturen mit sich ziehen, zu spüren bekommen und versuchen gegenzusteuern. Wobei sich einige dieser Bemühungen als ebenso fraglich wie hilflos erweisen: So wird versucht, den Arbeitsort als Zentrum der Zusammenkunft und des Schaffens durch viele kleine spezifische Funktionseinheiten zu ersetzen. Der Mitarbeiter soll den Raum nutzen, nach dem seine Arbeit verlangt: Die Entspannungszone, das Wohnzimmer des Unternehmens, zum Entspannen, die spartanisch eingerichtete Denkzelle, um die Kreativität anzukurbeln, die Repräsentationsflächen, um den Kunden zu empfangen, und das Besprechungszimmer, um sich mit Kollegen – gesetzt den Fall, diese sind anwesend – zur Teamarbeit einzufinden.

Darüber hinaus wird die emotionale Seite des Mitarbeiters mit jeder Menge unterschwelliger Reize auf Trab gehalten: Zitronenduft, parkähnliche Grünanlagen oder Wasserrauschen stimulieren nun, da der Kopf ausreichend versorgt ist, das »Bauchgefühl« in der Hoffnung, aus diesem jede Menge kreativer Ideen hervorzukitzeln.

Damit folgt man der falschen Fährte: Das Bedürfnis nach einer verlässlichen und erfahrbaren Arbeitswelt wird immer stärker, je komplexer, anonymer, temporärer und abstrakter der Prozess der Arbeit selbst wird. Nur der vertraute »Stallgeruch« – und nicht ein speziell für die linke Gehirnhälfte destillierter Zitronenduft – hinter den Firmenmauern kann dieser Auflösung und Zersplitterung Einhalt gebieten und sie ausgleichen. Ebenso unersetzbar ist der formelle und informelle Kontakt und Austausch zwischen den Menschen im Büro. »Der Schwatz, der Flirt, der Streit, die Intrige und das entspannte Geplänkel gehören zur Psychohygiene eines erfolgreichen Arbeitslebens. Das lässt sich nicht einfach ersetzen«, versichert der Medienforscher Heinz Grüne.

Zudem entstehen erst aus der Begegnung von Mensch zu Mensch überraschende Synergien sowie informelle Kontakte und Kooperationen. Wissen und Informationen werden ausgetauscht, die sonst allesamt unentdeckt und ungenutzt verloren gehen würden. Der Ausspruch »Vom Kopierer ist selten einer dümmer wiedergekommen als hingegangen« mag profan klingen, aber er enthält ohne Zweifel eine Menge Wahrheit.

Den Standort pflegen und Standpunkte beziehen

Es gilt sich von der euphorischen Bejahung der elastischen Unternehmensorganisation – die nicht selten in Willkür und Beliebigkeit mündet – zu distanzieren und zu einem Arbeitsalltag zu bekennen, der durch Beständigkeit und Anwesenheit charakterisiert wird. Selbst wenn es nicht mehr unbedingt nötig ist, sich zur Zusammenarbeit zu treffen, ist es umso wichtiger, regelmäßig Anlässe und Termine zu schaffen, die den direkten Kontakt und Austausch ermöglichen.

Gerade in einer Zeit, die geprägt ist durch Auflösungstendenzen und Komplexität, muss das Unternehmen durch Eindeutigkeit an Kontur gewinnen und mit klaren Entscheidungen, Normen und Strukturen präsent sein, wenn es nicht als ein Fähnchen unter vielen Fähnchen im Wind enden will.

Auch wenn es heute mancherorts nicht danach aussieht: Zeit und Raum stellen nach wie vor die entscheidenden Parameter für die Organisation und die Entwicklung eines Unternehmens dar. Entwicklung erfordert Zeit und Kontinuität, eine besonnene Planung, Ausdauer und Systematik. Es ist keine Schande, sich auf das Vorhersehbare und Planbare zu stützen und die Strukturen zu bewahren und zu verbessern, über die das Unternehmen verfügt, und Veränderungen langfristig und vorausschauend anzulegen. Ein Unternehmen wächst evolutionär und das benötigt Zeit und Kontinuität.

Es gilt, sich von dem Hype des delokalisierten Unternehmens, wie es in so genannten Netzwerken, Mobile Offices, Workstations oder dem virtuellen Büro daherkommt, zu verabschieden. Gerade wer immer mehr Mobilität und Flexibilität von seinen Mitarbeitern fordert, muss als Ausgleich eine lokale und zentralistisch organisierte Firma mit all den dazu gehörigen verbindlichen sozialen Strukturen entwerfen und sich bemühen, diese Strukturen berechenbar zu gestalten, um den Mitarbeitern verlässliche Inhalte und Zusammenhänge zu bieten. Je weniger sich der informelle Kontakt »von allein« ergibt, desto wichtiger ist es, ihn bewusst herbeizuführen, indem Möglichkeiten und Raum für Zusammenkünfte geschaffen werden.

Bemüht durch die Firmenräume zu schlendern und mit den Mitarbeitern, die anwesend sind, ein paar persönliche Worte zu wechseln, wie es das »Management by walking around« vormacht, reicht nicht aus. Gerade jene Mitarbeiter, die auf Grund ihrer Tätigkeit viel außer Haus und beim Kunden arbeiten, verlangen nach mehr als einem verwaisten Schreibtisch und ein bisschen Smalltalk. Schon gar nicht wird die aufgestyle Lounge mit Internetanschluss oder eine demonstrativ platzierte Lümmelliege das Gefühl von Zugehörigkeit vermitteln. Um die Firma als »Heimatbasis« begreifbar zu machen, müssen gemeinsame Gewohnheiten gepflegt und Rituale entwickelt werden, die ein Gefühl der Zusammengehörigkeit vermitteln.

Mair u. a. zum Beispiel setzen verstärkt auf Anwesenheit und Teilnahme statt der viel gepriesenen Erreichbarkeit. Unsere Mitarbeiter arbeiten analog, soweit es möglich ist, in den Büroräumen vor Ort ganz altmodisch zusammen. Jeder Mitarbeiter hat das Recht auf einen festen Arbeitsplatz, auf seine Arbeitsmaterialien und die Gewissheit, dass der Stift auf seinem Schreibtisch auch noch am nächsten Tag dort liegt und nicht als »shared pen« von allen geteilt wird. Wenn der Siemens-Chef Heinrich von Pierer sagt: »Ich glaube an das papierlose Büro genauso wenig wie an das papierlose Klo«, dann geben Mair u. a. ihm Recht.

Ist der Mitarbeiter bei Mair u. a. nicht anwesend, dann muss er weder erreichbar noch verfügbar sein. Er wird auch nicht per Handy gerufen und kann sich auch nicht von zu Hause in den Firmenserver einloggen, um weiterzuarbeiten. Versucht einer es dennoch, so hat das Konsequenzen. Die einzige Arbeit, die ihm außerhalb der Firma gestattet ist, ist das Lesen, da es grober Unsinn wäre, es ihm zu verbieten.

Die neue Verbindlichkeit

Die Harmonie der Hierarchie

Team ist die Abkürzung für: Toll, ein anderer macht's.

GELÄUFIGER BÜROSPRUCH IN TEAMORIENTIERTEN UNTERNEHMEN

Einer für alle, alle für einen

Hierarchien sind der ausgemachte Buhmann der modernen Unternehmensorganisation. Lange genug haben sie mit ihren umständlichen und bürokratischen Wegen und ihrem schwerfälligen Tempo Prozesse verlangsamt, Kooperationen erschwert, Mitarbeiter ihrer Motivation beraubt und Innovationen verhindert. Spätestens seit Mitte der neunziger Jahre ist damit Schluss. Hierarchien gehören »abgerissen, auseinander gebaut und zerstückelt« befahl die Management-Koryphäe Tom Peters 1993 und viele Unternehmer gehorchten ihm artig und machten sich ans Werk.

Mit Stolz bekennt man sich heute zum »konsensuellen Management«, dem »projektorientierten Unternehmen« oder der »Vertrauensorganisation«. »Flache Hierarchien« sind an der Tagesordnung, gar von »organisierter Anarchie« als neuer Ordnung des Unternehmens ist die Rede. Auf formale Organisationsstrukturen wird mit gutem Gewissen verzichtet, verlangt wird eine dynamische Organisation, die das Unternehmen blitzschnell handeln lässt und es flexibel genug macht, um sich den immer wieder neuen Anforderungen des Marktes anzupassen.

Hinter der Verflachung der Hierarchien steckt die vermeintlich liberale Vorstellung von einem gemeinschaftlichen und gleichberechtigten Miteinander. Statt wie in Hierarchien üblich Informationen und Anweisungen selektiv und strukturiert in Form einer Pyramide von oben nach unten durchzureichen, setzen flache Hierarchien auf horizontale Kommunikation; Informationen werden nun querfeldein, flächendeckend und vernetzt weitergereicht. Die Verantwortung wird von den oberen Etagen bereitwillig nach unten abgegeben, der Handlungsspielraum des Einzelnen kontinuierlich erhöht. Der Chef, der zuvor die kreativen Vorschläge mit einem »Du wirst nicht fürs Denken bezahlt« abschmetterte und immer das letzte Wort hatte, gehört ebenso der Vergangenheit an wie unmündige Jasager und Befehlsempfänger. Statt auf Befehl und Gehorsam, Kommando und Kontrolle setzt man auf Eigenverantwortung, Verständigung und den großen Diskurs, oder, um es mit den Worten von Tom Peters zu sagen: »Um Erlaubnis zu fragen heißt, um ein Nein zu betteln«.

Der Abschied von der Hierarchie lässt stereotype Arbeitsplatzbeschreibungen und Tätigkeitsbereiche überflüssig werden. Der selbstbestimmte Mitarbeiter wird zum Gleichen unter Gleichen: Alle sind gleich wichtig, alle sitzen im gleichen Boot, teilen die gleiche Vision und ziehen am gleichen Strang. Klare Kompetenzen und eine eindeutige Aufgabenstellung, was, wie und von wem zu tun ist, sind die Ausnahme. »Jeder macht alles« lautet die Devise.

Für den Mitarbeiter bedeutet das: Was jetzt ganz genau von ihm erwartet wird, bleibt unklar. Um eine ungefähre Ahnung zu bekommen, was zu seinen Aufgaben gehört, müssen sich insbesondere neu eingestellte Mitarbeiter oftmals mit der auf der ausgehändigten Visitenkarte vermerkten Berufsbezeichnung begnügen und statt einer klaren Einweisung ist von »ins kalte Wasser schubsen« die Rede. Eine Metapher, die, wie von verschiedenen Seiten bestätigt, in hierarchiearmen Unternehmen schon fast routinemäßig Verwendung findet.

Unbedarft ins kalte Wasser geschubst zu werden wäre verzeihlich, stünde am Beckenrand ein Vorgesetzter als Bademeister. Der ist jedoch weit und breit nicht in Sicht und das Becken schon randvoll mit anderen nach Luft japsenden Mitarbeitern. Was der Mitarbeiter genau zu tun hat, welche Aufgabe die anderen erfüllen und wer verdammt noch mal Klopapier organisiert, wenn keines mehr da ist, geht im Getümmel des Kaltwasserbeckens unter. Die dabei entstehenden strukturellen Lücken wird das Engagement des Einzelnen schon füllen, so die feste Überzeugung derer, die das planlose Miteinander rechtfertigen. Ansonsten greift das einfache Prinzip: Alles geht alle an. Der Inbegriff von Transparenz und flachen Hierarchien.

Das wird so lange gut gehen, wie alle im selben Raum hocken und jeder, ob er nun will oder nicht, mitbekommt, um was es gerade geht. Man ist auf ein Ziel eingeschworen, passt mühelos an einen Küchentisch und jeder kennt jeden. Man ist eine Gruppe, man könnte genauso gut und problemlos zusammen in die Ferien fahren.

Das ändert sich aber, wenn die Zahl der Mitarbeiter so groß wird, dass man mindestens einen Reisebus chartern muss, und sich die Ansichten über Urlaubsziel und -aktivitäten nicht mehr ganz so einfach unter einen Hut bringen lassen. Spätestens wenn im Trubel des Geschehens einer auf der Raststätte vergessen worden ist und man nicht einmal genau weiß, wie der Vergessene heißt, beginnt die ganze Sache etwas umständlich zu werden. Ist diese Größe bei einem Verein, einer Institution oder einem Unternehmen erreicht, spricht man nicht mehr länger von einer Gruppe sondern von einer Organisation. Und die zeichnet sich, wie der Name unschwer zu verstehen gibt, gewöhnlich dadurch aus, dass sie organisiert werden muss, um zu funktionieren.

Die moderne Unternehmenswelt verweigert sich allerdings dem Ansatz, das Funktionieren einer Organisation mit einem Mehr an Struktur und einer klaren Beschreibung von Kompetenzen sicherzustellen, sondern verschiebt die Probleme säuberlich auf die zwischenmenschliche Ebene: Das Unternehmen zersplittert in viele kleine Teams, Projektcliquen und Arbeitsgruppen. Man rückt ein wenig näher zusammen und auf einmal wird scheinbar alles wie von selbst ganz überschaubar.

Willkommen im Team:
Mobbing, Mittelmaß und Bevormundung

Das Team hat die Unternehmen erobert. An Stelle der eingestampften Hierarchien treten nun zu Arbeitsgruppen und Projektteams zusammengeschweißte Kollektive, die selten die Größe von Schulklassen oder Kegelvereinen überschreiten. Team- und Projektarbeit als der vernetzte und offene Austausch von Ideen und Wissen und deren gemeinschaftliche Umsetzung ist der ausgemachte Erfolgsfaktor eines Unternehmens, oder, um Tom Peters zu Wort kommen zu lassen: »Die meiste Arbeit wird in Zukunft in Projektgruppen erledigt werden.«

Das Team deckt gravierende Denkfehler zu Gunsten der Qualitätssteigerung auf und gelangt durch den angekurbelten Wissenstransfer zu erstaunlichen Einsichten. Rigide Strukturen, strikte Anweisungen und vorausschauendes Planen gelten als lästig und wenig brauchbar und so verlässt man sich guten Gewissens darauf, dass die Eigendynamik des Teams das Projekt möglichst reibungslos auf schnellstem Wege vorantreibt. Gesucht wird der große Konsens, die gemeinschaftliche Lösung, die kreative Auseinandersetzung im Kollektiv. Aber die transparente Informationspolitik in den Unternehmen und das ständige Aushandeln von Kompromissen ist nervenaufreibend, verbraucht kostbare Zeit und zieht Entscheidungen endlos in die Länge. Das wäre zu entschuldigen, wenn wenigstens das Ergebnis die Mühe und den Aufwand wert wäre, doch die Realität zeigt ein anderes Bild.

Seit Entscheidungen gemeinsam getroffen werden und nicht durch Anweisungen »von oben«, wird munter jeden Tag aufs Neue diskutiert, ausgehandelt und abgestimmt. Was früher den Führungsetagen beschieden war, ist heute auch für den gewöhnlichen Angestellten Alltag. Ständig gibt es etwas zu besprechen, noch bevor überhaupt etwas getan wird. Der Tag ist vollgestopft mit Teamsitzungen, Zwischenbesprechungen, Versammlungen, Präsentationen und Meetings. Nicht zu vergessen die informellen Besprechungen in der Kaffeeküche oder die Beliebtheit von Rund-Mails, aus denen der Mitarbeiter zwischen Kinderwagen aus zweiter Hand und den nächsten Terminen der firmeninternen Rückenschule mühsam die Informationen herausfiltern darf, die für ihn von Belang sein könnten.

Um die schöpferische Ader des Mitarbeiters anzuzapfen, hat eine Vielzahl der Unternehmern das Repertoire um kreative Methoden und Techniken erweitert. Jeder ist aufgerufen, seinen Senf abzugeben und mit seinen Ideen, Vorschlägen und seiner Kritik den Gang der Firma mitzubestimmen. In Brainstormings und Mindmappings werden verrückte Konzepte und zukunftsträchtige Visionen entwickelt, die neue Potenziale des Unternehmens eröffnen und Probleme aus dem Weg räumen. Nur, damit das klar ist: Der Verstand gehört bei solcherlei Techniken ausgeschaltet, die Realität muss draußen bleiben, es gibt keine schlechten und guten Vorschläge und alles, was einem so gerade durch den Kopf geht, wird eifrig notiert. Die Mitarbeiterköpfe rauchen, Ideen werden gesammelt und hitzig diskutiert, hinzu kommt das erhebende Gefühl, nun endlich mal aktiv etwas verändern und bewegen zu können.

Das Team füttert und nährt sich einzig und allein über die gemeinsame Leistung. Der Mitarbeiter als Person kommt nur noch am Rande vor, seine individuellen Fähigkeiten und Leistungen sind nur gefragt, wenn er sie dem Team zur Verfügung stellt. Das »Ich« tritt in den Hintergrund, was zählt ist das gemeinschaftliche »Wir«. Wenn alle alles angeht, kann man sich auch über Ziel und Inhalt der eigenen Arbeit nicht mehr sicher sein, denn sie können sich täglich ändern: Da wird in der Teambesprechung spontan beschlossen, die Projektziele und bisherige Marschrichtung zu ändern, der fürsorgliche Teamplayer nimmt in den Abendstunden einige Änderungen am »eigenen« Konzept vor und der Vorschlag des Praktikanten muss auch noch untergebracht werden.

Das Team wird zum Schwamm, der die Einzelleistungen des Einzelnen aufsaugt und unkenntlich macht. Die zuvor von der Ich-AG noch so vehement geforderte eigensinnige Denke, individuelle, kreative Leistungen und Selbständigkeit verenden im kollektiven Einheitsbrei: Jeder ist immer genau so gut, so schnell, so fleißig und so talentiert, wie es die anderen sind. Diesem Verfahren liegt der absurde Glaube zu Grunde, dass jedes Mitglied die gleiche Leistung und den gleichen Aufwand für das Projekt zur Verfügung stellt. In der Praxis sind es aber immer die Gleichen, die sich ein Bein ausreißen, und es sind auch immer die Gleichen, die sich mit fremden Federn schmücken und das Lob abgreifen. Wie Richard Sennett in einem Gespräch mit dem Magazin *Brückenbauer* sagt, »betont das Team die Interaktionen ihrer Mitglieder stärker als die Gültigkeit eines persönlichen Urteils. Der Kommunikationsvorgang wird gewissermaßen wichtiger als das Mitgeteilte. Und da es immer schwierig ist, tiefschürfendere und kompliziertere Dinge mitzuteilen, bleibt der Austausch immer oberflächlich. Unter diesen Umständen besteht der Mitarbeiterreflex darin, sich durch eine Art Gleichgültigkeit zu schützen, ein gekünsteltes Engagement an den Tag zu legen und sich oberflächlich kooperativ zu zeigen.« Und so steht am Ende oft nur ein fauler Kompromiss als der kleinste gemeinsame Nenner, auf den man sich einigen kann. Auch wenn sich so macher Unternehmer anderes erhofft hatte: Als Garant und Katalysator für durchdachte Entscheidungen, wegweisende Innovationen und clever ausgeheckte Ideen funktioniert das Team nicht.

Auch der partnerschaftliche Geist, der dem Team unterstellt wird, ist kaum der Rede wert. Das Fehlen von Vorschriften und Regeln stärkt nur scheinbar das gleichberechtigte Miteinander, entpuppt sich aber zugleich als geradezu idealer Nährboden für Schattenhierarchien, Konkurrenzkämpfe und subtile Machtspiele. Wer lieber alleine arbeitet und mit gutem Recht seine eigene Leistung herausstellt oder sich gegen die Meinung der Truppe stellt, gilt schnell als Querulant und unbeliebter Einzelkämpfer. Aus »alle für einen, einer für alle« wird schnell »alle gegen einen, einer gegen alle«. Das Team duldet keinen Widerspruch. Ein Wochenendseminar im Dienste der Teamarbeit und der Kerl ist wie ausgewechselt. Wie war das noch: Nur gemeinsam sind wir stark. Genau.

Mit guter Arbeit, seinem Talent und seiner Leistung kommt ein Mitarbeiter hier nicht weiter, denn all das wird auf das Teamkonto verbucht. Wohl aber mit persönlichen Kontakten, Intrigen und Quertreibereien. Wenn der persönliche Einfluss permanent neu ausgehandelt wird, kann es weit reichende Folgen haben, einen Tag mies drauf zu sein, den Kollegen barsch anzufahren oder wortkarg in der Teambesprechung zu sitzen. Spätestens wenn es um die Wurst geht, wundert sich manch einer, dass der sonst so kooperative Teamkollege die Ellenbogen ausfährt und bevorzugt mit dem Chef statt wie gewohnt mit den Teamkollegen in die Mittagspause verschwindet.

Zu guter Letzt stellt sich die entscheidende Frage, welche der in den Meetings emsig und euphorisch geborenen Ideen jemals überhaupt umgesetzt werden (abgesehen vom Höhenflug der New Economy). Denn Mitspracherecht bedeutet noch lange nicht Entscheidungsgewalt und der Entscheidungsbefugte, dessen Segen man weiterhin braucht, sitzt meist nicht mit in der geselligen Runde, sondern trotz aller Bekenntnisse zu flachen Hierarchien und dem gleichberechtigten Miteinander in der oberen Etage. Der Weg, den ein Vorschlag zurücklegen muss, um den zu erreichen, der tatsächlich etwas zu melden hat, ist steinig.

In der faden Realität bleibt der Großteil der von Gruppen und Teams in Szenarios und Brainstormings ausgeheckten Konzepte, Modelle, Vorstellungen und Vorschläge graue Theorie und Fiktion und verendet als unverständliches Gekritzel auf dem Flipchart oder als Schmierzettel in der Schublade. Nur ein Bruchteil darf seiner Realitätsprobe entgegensehen, und so folgen die meisten all dieser konstruktiven, innovativen und kreativen Ideen und Lösungsversuche der Logik eines So-tun-als-ob. Eine schmerzliche Erfahrung für den Mitarbeiter, der dachte, er könne nun nicht nur etwas selbstständig vorschlagen, sondern es auch beschließen und durchsetzen.

Flache Hierarchien hin, Teamarbeit her: Die Personen, die in einem Unternehmen wirklich Entscheidungen durchboxen und absegnen können, sind nach wie vor rar gesät. »Die Veränderungen in den Unternehmen bewegen sich, bei aller Dramatik, die diese in den Unternehmen zur Zeit haben, im Rahmen einer von fast allen Akteuren akzeptierten Grundsteuerung. Die Diskussion über neue Unternehmensformen darf nicht davon ablenken, dass es für einen Sturz der hierarchischen Ordnung in den Unternehmen keine Indizien gibt«, attestiert dann auch Stefan Kühl in seinem Buch *Wenn die Affen den Zoo regieren*. Das zeigt sich spätestens dann, wenn unangenehme Aufgaben wie Umstrukturierungen, Minimierung der Kosten oder schlimmstenfalls Entlassungen anstehen. Auch wenn ein Teil der Verantwortung von oben nach unten bereitwillig abgegeben wird, sitzt die Macht fest verschnürt und gut bewacht in den oberen Etagen. Und so wundert sich manch einer, wie schnell der kollegiale Kumpel von eben zum autoritären Chef wird.

Geordnete Verhältnisse und schnelle Wege

So sind die flachen Hierarchien vor allem eins: Ein modisches Schlagwort, das auf der In-Liste der fortschrittlichen und liberalen Unternehmensführung einen festen Platz beansprucht. Flache Hierarchien entschuldigen so gut wie alles: Der Mangel an Überblick und Struktur ebenso wie das Fehlen von Anweisungen. So beschränkt sich ihre Leistung nicht selten darauf, die zu Tage tretende Planlosigkeit zu rechtfertigen, die heute in vielen Unternehmen herrscht.

Das Problem ist nicht neu. Die ehemaligen Geschäftsführer und Mitarbeiter der in den siebziger Jahren im Zuge der Alternativbewegung gegründeten Betriebe und Firmen können ein Lied davon singen, wie Rainer Kreuzer in der *brand eins* 10/2000 gezeigt hat. Alles schon mal dagewesen: Flache Hierarchien, Emanzipation des Mitarbeiters, Mitbestimmung und Selbstorganisation. Auch wenn die Ziele damals edler waren und »von unten« an einem Gegenentwurf zum Kapitalismus als Herrschaftssystem gebastelt wurde, gleichen sich die Bemühungen merklich. Sogar den Vorwurf, aus den alten Lehrbüchern und Geschichten der Alternativbewegung abgeschaut zu haben, müssen sich Unternehmen und Management heute gefallen lassen. Das mag sein, die Geschichte zu Ende gelesen haben sie aber nicht. Woran sie aber gut getan hätten. Sie hätten nämlich einiges lernen können über die Tücken der gleichberechtigten Arbeitswelt, denn die meisten der noch mit ideellem Anspruch im Gepäck gegründeten Firmen griffen im Laufe des Wachstums und mit der Einkehr des Alltags auf klassische Organisationsformen zurück. Gefolgt von der desillusionierten Einsicht, dass gleichberechtigte Beziehungen als Basis und Grundlage reichlich wackelig und unternehmerische Interessen per se nicht harmonisch sind und es durchaus entlastend sein kann, wenn einer alles im Griff hat und sagt, wo es lang geht.

Die von Arbeitgeber und Arbeitnehmer verfolgten Ziele und Interessen sind nicht zwangsläufig dieselben und so ist es weder peinlich noch unanständig, diese »Ungleichheit« in einem hierarchisch stukturierten Verhältnis zum Ausdruck zu bringen, statt es aufwändig zu verschleiern. Schlimmer noch: Der Vorgesetzte, der sich zum »primus inter pares«, dem Ersten unter Gleichen macht, drückt sich genau genommen vor seiner eigentlichen Aufgabe, nämlich schlicht und ergreifend für Verbindlichkeit und Klarheit zu sorgen. Und es ist das gute Recht der Arbeitnehmer, diese Leistung von ihrem Chef einzufordern.

Statt Hierarchien vorschnell als überholt, autoritär und regressiv abzutun, sollte man sich auf ihren bewährten und relativ sicheren Mechanismus der Koordination und Steuerung besinnen: Mit ihren einfachen und verbindlichen Formalisierungen und konsequenten Selektionen schaffen sie verlässliche Entscheidungswege. Klare Zuständigkeiten und strukturierte Kommunikationsflüsse sorgen für einen geregelten und nicht allzu sehr das Privatleben tangierenden Arbeitsalltag, der wenig Raum für nervtötende Befindlichkeiten, zeitaufwendiges Kompetenzgerangel und Schattenhierachien bietet. Oder wie Stefan Kühl in seinem Buch schreibt: »Hierarchie reduziert Unsicherheit in Organisationen und zielt darauf, Eindeutigkeit und Widerspruchsfreiheit herzustellen. Ein auf Hierarchie aufgebautes Diagramm markiert eindeutig, wer wem unterstellt ist, und koordiniert so das Verhalten. Kommt es in einer Organisation zu Widersprüchlichkeiten, Ambiguitäten oder Unklarheiten, ist es Aufgabe der vorgesetzten Stelle, die Sache wieder in (die) Ordnung zu bringen.«

Auch die verbreitete Panik, die Hinwendung zu hierarchischen Systemen würde den nach Selbstbestimmung und Selbstverwirklichung lechzenden Mitarbeiter vergrauen, ist übertrieben, denn der verlangt nicht nach unklaren Anforderungen, endlosen Besprechungen und täglich neu auszuhandelnden Kompetenzen, sondern will genau wissen, was von ihm erwartet wird. Er will einen Vorgesetzten, der sich um ihn kümmert, ihn begleitet und ansprechbar ist, wie die Gall-up-Organisation in Studien mit mehr als einer Million Arbeitnehmern und über tausend Firmen herausgefunden hat. Immer mehr Mitarbeiter reagieren überfordert und verunsichert auf die unklare Aufgabenverteilung und Undurchsichtigkeit der Arbeitsprozesse und Kommunikationsabläufe. Hinzu gesellt sich früher oder später die ernüchternde Einsicht, dass das Unternehmen unbehelligt von all den in endlosen Diskussionen entwickelten Ideen und euphorisch entwickelten Verbesserungsvorschlägen weiter wie bisher seinen Gang geht.

So dienen flache Hierarchien und die vermeintliche Mitbestimmung und Beteiligung der Mitarbeiter zu guter Letzt nur als die passable Ausrede von Vorgesetzten und Unternehmern, die ihre Pflichten nicht wahrnehmen. Was dabei auf der Strecke bleibt, ist die Arbeitsleistung. Diese Einschätzung bestätigt auch eine Untersuchung der Produktivitätsberatung Czipin & Proudfoot Consulting, die zu dem Ergebnis kommt, dass in deutschen Unternehmen 85 Arbeitstage im Jahr unproduktiv vertan werden. Als häufigste Ursache werden schlechte Planung und Steuerung genannt, auf deren Kosten rund 38 vergeudete Tage gehen. Auf Platz zwei liegen mangelnde Aufsicht und Führung mit fast 15 Tagen.

Gewiss, Hierarchien sind nur begrenzt in der Lage, die heute sich vor den Unternehmensmauern zeigende Komplexität und Vielfältigkeit einzufangen und abzubilden. Der Markt ist schwer überschaubar und berechenbar, wird immer differenzierter und das alles in einem beschleunigten Tempo. Doch die zentrale Frage lautet, ob ein Mehr an Entscheidungsmöglichkeiten, Verhandlungen, Mitspracherecht, Verantwortung, Kommunikation und Information dieser Komplexität tatsächlich besser beikommt.

Die Antwort lautet: Nein. Gerade die zunehmend komplexen, widersprüchlichen, wechselhaften und unübersichtlichen Bedingungen, denen das Unternehmen ausgesetzt ist, müssen mit einer hierarchischen Gliederung beantwortet werden. Wie Stefan Kühl gezeigt hat, bringt gerade die »staubige« Hierarchie etwas hervor, worauf die meisten Unternehmen heute so scharf sind: Schnelligkeit. Sie machen schnell, indem sie Entscheidungsprozesse verkürzen und Möglichkeiten in Tatsachen verwandelten, die von allen Beteiligten akzeptiert werden und an denen es nicht zu rütteln gilt. Mit ihren eingefahrenen Bahnen sind Hierarchien der Teamstruktur und den flachen Hierarchien immer einen Sprung voraus. So paradox es auch scheinen mag: Obwohl Hierarchien vor allem abgebaut werden, weil sie als lahm und schwerfällig gelten, liegt ihr bestechender Vorteil in ihrem Tempo: Während das Team sich erst in Rage redet, nach langem Hin und Her auf eine Entscheidung einigt und dann den Teamleiter losschickt, um das Einverständnis der Vorgesetzten einzuholen, ist in einer Hierarchie die Entscheidung – über die Köpfe der Mitarbeiter hinweg – von dem Vorgesetzten längst beschlossene Sache.

Die klare Delegation von Aufgaben an eigenständige und überschaubare Arbeitsbereiche sorgt dafür, dass der Inhalt und Umfang jedes einzelnen Arbeitsprozesses kontrollierbar bleibt. Da der große Konsens gar nicht erst gesucht wird, gibt es auch keine Enttäuschung oder moralischen Tiefschläge, wenn dieser nicht zustande kommt. Es wird nur zur Sprache gebracht, was alle angeht und für jeden hilfreich ist. Dazu ist es nötig, rigoros auszusortieren und Wichtiges und Dringendes von Unwichtigem zu unterscheiden, immer nach dem Grundsatz: Klasse statt Masse. Endlose Diskussionen über die Anschaffung neuer Bürostühle (»Lieber ergonomisch oder schick?«) und stundenlange Erlebnisberichte und Selbsterkenntnisse der Mitarbeiter (»Am Donnerstag hatte ich dann doch das Gefühl, dass wir da noch ein paar Kracher einbauen müssen, so etwas, was noch nie da gewesen ist«) stehen nicht auf dem Programm. Der Vorgesetzte hat das letzte Wort und ist befugt, dem zähen Reden um den heißen Brei jederzeit ein Ende zusetzen.

Gerade die zunehmende Differenzierung und Dezentralisierung, der die Unternehmen heute unterliegen, wie zum Beispiel die projektspezifische Zusammenarbeit in Netzwerken und ad hoc zusammengerufenen Teams, erfordern bewusste Einschränkungen und klare Abgrenzungen: Jeder bekommt eine klare Position und die Aufgabe zugeteilt, die ihn mit Gewissheit darüber versorgt, was er zu tun hat, wer ihm Anweisungen gibt, wo seine Kompetenzen liegen und wo er sich gefälligst rauszuhalten hat. Dabei geht es jedoch nicht darum, jeden Handgriff vorzugeben und den Arbeitsprozess in viele kleine Häppchen aufzudröseln oder den Handlungsspielraum des Einzelnen dermaßen zu beschränken, dass er nur erahnen kann, um was es im Ganzen geht. Statt durch die hierarchische Struktur die Inhalte der Arbeit zu beschneiden, ist es ihre Aufgabe, Raum für die wesentlichen Dinge zu schaffen: die Arbeit selbst.

Ziel muss es sein, dem Mitarbeiter genug Handlungsspielraum und Entscheidungsfreiheit zu geben, um eigenständig Lösungen entwickeln zu können, ihm zugleich aber deutlich anzuzeigen, wo die Grenzen seiner Selbstständigkeit liegen. Die Schnittstellen und Berührungspunkte zwischen den einzelnen Kompetenzen müssen im Vorfeld klar definiert und gegliedert werden, die Positionen klar sein. Man kann nur Hand in Hand arbeiten, wenn jeder weiß, wo er steht, was er zu tun hat, wo er sich unterordnen muss und wie er seine Leistung in den gesamten Arbeitsprozess integrieren muss. So wird das Risiko minimiert, dass zwei das Gleiche tun, Abstimmungen zu spät getroffen werden oder der eine Mitarbeiter die anspruchsvollen Aufgaben an sich reißt und die weniger spannenden seinem »Teamkollegen« überlässt.

Das Team als Sündenbock

Unter dem ganzen Aufsehen und Trubel, den das voreilig ausgerufene Ende der Hierarchie mit sich bringt, leidet vor allem das Team: Nicht selten grob fahrlässig eingesetzt, falsch verstanden und zu guter Letzt auch noch maßlos überschätzt, kommt der Teamarbeit der undankbare Job des Platzhalters zu, dessen Aufgabe es ist, das Vakuum, welches die »abgerissenen Hierarchien« hinterlassen haben, zu füllen. Womit der unsinnige Glaube gestärkt wird, Teamarbeit und Hierarchien würden sich grundsätzlich ausschließen: Gerade das Gegenteil ist der Fall: Teamarbeit ist als Mittel der Steuerung und Koordination und als übergreifendes Organisationsmodell nicht zu gebrauchen und verlangt nach einer verbindlichen Struktur, wie sie die Hierarchie bietet, damit sie funktioniert. Statt der verheerenden Logik eines »Entweder-oder« zu folgen, scheint der Lösungsweg des »Sowohl-als-auch« ratsam.

Die Teamarbeit ist als angeblicher Nachfolger und reiner Ersatz der Hierarchien in der falschen Ecke gelandet. Als Gegenentwurf zu den autoritären und strikten Vorgaben der Hierarchien wird sie als kollegiales Nest angepriesen. Bereits das Wort »Teammitglied« erweckt den Eindruck, als handle es sich um eine eingeschworene und eng verbundene Truppe, in der man sich seine Mitgliedschaft erobern muss. Ein Unternehmen ist aber kein Verein und auch kein Volleyballteam, es beschäftigt Mitarbeiter, statt Mitglieder zu werben.

Die »Vermenschlichung« der Teamarbeit verwässert ihren eigentlichen Sinn und Zweck: Teamarbeit ist eine Form der Zusammenarbeit, die dem Austausch, der Vernetzung und dem Generieren von Wissen dient, auf die man in einer Wissensökonomie nicht verzichten kann. Setzt sich das Team durch, dann überhaupt nur deshalb, weil seine Leistung für das Unternehmen rentabel ist. Es dient weder dem netten Beisammensein noch geht es darum, im Meeting ausufernde Ideen zusammenzuzimmern oder in Eigenregie »unternehmensfremde« Projektziele zu definieren. Kurzum: Es besteht nicht der geringste Anlass, Teamarbeit mit Selbstverwirklichung und kreativem Werkeln nach Lust und Laune zu verwechseln und in die Sphäre des Menschlichen und Heimeligen zu rücken. Bei der Teamarbeit geht es um die Leistung, die dabei herausspringt. Dass man sich dabei näher kommt oder die verborgenen Seiten seiner Persönlichkeit auslebt, ist nicht das veranschlagte Ziel und der verfolgte Zweck.

Jeder, der leichtfertig das gleichberechtigte und persönliche Miteinander zur Grundlage der Zusammenarbeit erklärt, riskiert bereitwillig, dass das Team an die Stelle der Firma rückt: Der Einzelne existiert dann nur noch in dem ganz auf Nähe getrimmten Team, das Unternehmen drumherum verkommt zum großen, kalten und anonymen Apparat, zu dem der Mitarbeiter allmählich den Bezug verliert. Das Team als überschaubarer Mikrokosmos der Firma degeneriert zum Kaffeeklatsch. Statt kleine Nischen voller Intimität und Geborgenheit zu errichten und die Teams zum Zentrum des Unternehmens zu erheben, sollten sie besser in die klare hierarchische Gliederung mit Führungsspitze eingliedert werden, damit sie nicht als unkontrollierte autonome Waben ohne festen Platz in der Struktur des Unternehmens umherschweben.

Zugleich darf die Teamarbeit nicht zum Dogma verkommen. Zusammenarbeit und Austausch sind einzufordern, wenn sie Sinn machen und notwendig sind, weil das spezielle Wissen und das Talent unterschiedlicher Leute benötigt wird. Die Leistungen der Teammitglieder werden erst einmal von dem Einzelnen allein erbracht, bevor er sie dem Team zur Verfügung stellt, und das umso mehr, als es gedankliche Gerüste, verzwickte Lösungen, detaillierte Entwürfe sind, die er entwerfen, überprüfen oder verstehen muss. Und so ist es dann auch sein gutes Recht, die eigene Arbeit herauszustellen und sie nicht als Teamleistung feilzubieten.

Anders gesagt: Das konzentrierte Arbeiten setzt »Einsamkeit« oftmals sogar voraus. Das Bekenntnis, besser und schneller allein arbeiten zu können, gehört ernst genommen und der Wunsch nach Ruhe und Konzentration ist zu respektieren.

Arbeit ist zunächst keine kollektive Angelegenheit. Das wissen auch die meisten der Vorgesetzten besser, als man meinen könnte. So hat eine im Jahr 2000 durchgeführte Studie gezeigt, dass die Mehrheit aller Führungskräfte der Teamarbeit zwar wohl gesonnen ist, jedoch nur, solange sie sich selber nicht in ein Team eingliedern müssen: 70 Prozent des Führungspersonals hantieren am liebsten ungestört und allein, während nur zehn Prozent ihre Arbeit lieber im Team erledigen. Da zeigt sich, dass hinter dem ganzen Gerede um die Teamarbeit nicht viel steckt. Laut einer Studie des Instituts für Arbeitswissenschaft der Uni Kassel wird Teamarbeit »oft als Selbstläufer missverstanden, und zwar von einem Management, das sich selbst in den meisten Fällen weit entfernt von jedem Teamgedanken bewegt«. Und die *Financial Times* vom 7.9. 2001 verweist auf eine Studie der Europäischen Stiftung zur Verbesserung der Lebens- und Arbeitsbedingungen, nach der nur vier Prozent aller deutschen Unternehmen sich nicht nur stolz zur Teamarbeit bekennen, sondern tatsächlich auch eine »Kultur« der Teamarbeit entwickelt haben.

Alles muss, nichts kann

Als wenn ohne Motive etwas geschehen könnte, und
als wenn diese Motive außerhalb des handelnden Wesens liegen könnten
und nicht vielmehr im Innersten des Selben.

GOETHE

Motivation – Zaubertrank und Wunderwaffe

Als Rohstoff der Wissensökonomie muss der Mitarbeiter zum Laufen gebracht werden. Wie ehedem die Drehzahl und Geschwindigkeit der Maschinen in einer mit Stückzahlen operierenden Industrie, gehören nun auch seine Kapazitäten in die Höhe getrieben, auf dass er innovative Ideen und kostbares Wissen möglichst im Akkord ausspuckt.

Mit Forderungen und klaren Anweisungen ist, seit der Arbeitnehmer sich emanzipiert hat und weitgehend selbstständig arbeitet, nicht mehr viel auszurichten. Was zählt, ist die Freude an der eigenen Leistung und die ist zugleich die Schwachstelle des modernen Mitarbeiters. Hier muss man ihn packen, denn hier ist er empfänglich.

Der Schlüssel, wie man die verborgene Leistungsfähigkeit ans Tageslicht befördert, ist auch schon gefunden: Alles ist eine Frage der Motivation, da ist man sich einig. Statt mit einem »Das machen Sie jetzt bitte« konkrete Forderungen zu stellen, gilt es die Leistungsbereitschaft des Mitarbeiters anzufeuern und anzustacheln: »Das willst du doch auch«, »Das ist deine Chance«, sagt der Vorgesetzte, »Jetzt kannst du zeigen, was du drauf hast«, ergänzen die Kollegen, »Es wird sich für dich lohnen«, verspricht der Unternehmer.

Motivation als »die Summe der Beweggründe, die eine Entscheidung oder Handlung beeinflussen«, und »die Bereitschaft, in einer konkreten Situation eine bestimmte Handlung mit einer bestimmten Intensität bzw. Dauerhaftigkeit auszuführen«, wie es der Duden beschreibt, ist das Schlüsselwort der aufgeklärten Mitarbeiterführung. Unzählige Seminare versorgen die lernwillige Führungskraft mit dem nötigen Know-how und selbst im Supermarkt an der Ecke wird händeringend nach einem Filialleiter gesucht, der vor allem eins drauf hat: »Mitarbeitermotivation«. (»Herr Müller, wirklich 1 a, wie Sie das wieder an der Kasse machen, und die Joghurts auch schon eingeräumt, ich denke, nächsten Samstag um 14.00 frei, das geht dann klar.«)

Die Fähigkeit zu motivieren wird zum Schmiermittel, nach dessen Beigabe der Mitarbeiter erst auf vollen Touren läuft und seine ganze Leistung, all seine Energie und sein komplettes Wissen gibt. Schlichte Werte wie Fleiß, Mühe und die Bereitschaft, seine Arbeit nach bestem Wissen und Gewissen zu erledigen, reichen nicht mehr aus. »Wann immer etwas erreicht wird, steht dahinter (…) ein Mensch, der von einer Mission besessen ist«, bestätigt dann auch Peter Drucker. Die Motivation wird zum Dreh- und Angelpunkt, mit ihr steht und fällt die Leistung des Einzelnen. Für alle, denen es bisher entgangen sein sollte: Es schlummern ungeahnte Potenziale in einem jeden Arbeitnehmer, von denen er bisher selber noch nicht einmal etwas wusste, und die gehören ordentlich gefüttert, bis aufs Letzte ausgereizt und täglich aufs Neue herausgefordert. Wenn der Wille nur stark genug ist, findet sich der Weg von allein, heißt es dann. Der junge Mann in dem UPS-Werbespot geht mit gutem Beispiel voran, wenn der Kunde ruft, ist kein Weg zu weit, keine Straße zu voll und auch auf die Mittagspause kann verzichtet werden. »Wir tun immer etwas mehr, als in unserem Handbuch steht«, lüftet das Unternehmen das Geheimnis ihrer hoch motivierten Mitarbeiter.

Umgeben von motivierten Mitarbeitern, alle außer sich vor Tatendrang und unerschütterlichem Enthusiasmus: Wer kann dazu schon Nein sagen? Ist doch bedauerlich, wenn der Arbeitnehmer nur beim samstagnachmittäglichen Fußballspiel mit seinen Kumpels zeigt, was in ihm steckt, oder bei der brillanten Organisation der alljährlichen Familienfeier das Letzte aus sich herausholt. Jetzt soll er gefälligst da zur Höchstform auflaufen, wo sie auch wirklich gebraucht wird: Im Job.

Doch um dieses Klassenziel zu erreichen, ist es mit der Bereitstellung von Arbeit nicht getan. Die einfache Gleichung »Arbeit gegen Lohn« hat ausgedient, da muss man sich schon mehr einfallen lassen. Komplizierter formuliert: Die »extrinsische Motivation«, die, losgelöst von dem Prozess der Arbeit selbst, eine künstlich eingepflanzte Belohnung bereitstellt, läuft der »intrinsischen Motivation«, als die Bereitschaft seiner Tätigkeit nachzukommen, weil sie »von selbst« Motive bereitstellt, den Rang ab.

Wo ein Wille ist, ist auch ein Weg

Darüber, wie man die Motivation als eine Art neuzeitlichen Zaubertrank denn nun am besten einflößt, gibt es jede Menge praxisorientierte Ratgeber, die ohne jede Scham gleich reihenweise raffinierte Tricks anpreisen. Denn das Beste aus dem Mitarbeiter herauszuholen meint vor allem eins: Alles. Um die Motivation der Mitarbeiter gehörig anzukurbeln, wird jede Möglichkeit genutzt und zum Bonbon und Bonus für den persönlichen Einsatz umgezimmert. Kein Aufwand ist zu hoch, keine Bemühung zu lächerlich, kein Weg zu bizarr, es lohnt sich allemal.

In Zeiten der »Multisubjektivität« oder »kompetenzbasierten Vergütung« ist auch der Lohn ein Element der individuellen Motivation. Welche Summe am Monatsanfang auf dem Konto eintrudelt, hängt dann vom Befinden anderer ab. Entweder beratschlagt eine gemütliche Runde von Führungskräften, was man so gebracht hat, oder man lässt sich von ein paar Kollegen Noten geben, aus denen sich dann das Gehalt errechnet. Nicht motiviert gewesen, dem kooperativen Kollegen patzige Antworten gegeben, die Mitarbeiterschulung geschwänzt? Setzen! Sechs! Die kommt jetzt nicht mehr auf dem Zeugnis, sondern mit der nächsten Gehaltsabrechnung ins Haus.

Die Vorgesetzten einer großen Hamburger Werbeagentur beispielsweise rufen ihre Mitarbeiter von Zeit zu Zeit zu »Champagnergesprächen« ins Besprechungszimmer. Dort sind Mitarbeiter wie Führungskräfte aufgerufen, unabhängig voneinander die erbrachten Leistungen und gezeigten Fähigkeiten auf einer Skala zu bewerten. Bei Übereinstimmungen springt als Belohnung ein Flasche Champagner für den Angestellten raus: Wir gratulieren, Sie wissen, was wir von Ihnen halten.

Komplette Belegschaften mittelständischer Betriebe und Abteilungen von Großkonzernen werden übers Wochenende in Stadthallen und Hotelsäle gekarrt, um sich von selbst ernannten Think-pink-Gurus mit bodenlosen Stammtischweisheiten und Self-made-Psychologie zum motivierten Mitarbeiter bekehren zu lassen. Hier werden sie dann in den »motivierendsten, lehrreichsten und unterhaltsamsten Tagen Ihres Lebens« erfahren, »was Sie bisher davon abgehalten hat, die Kraft zu nutzen, die sofort Ihr Leben verändern wird«, wie es zum Beispiel das »Erfolgsprogamm« von Anthony Robbins verspricht.

Assoziationen zu Kindergeburtstagen, Abenteuerspielplätzen und Kaffeefahrten sind durchaus erwünscht, schließlich ist die Motivation, die hier gleich massenhaft an den Mann gebracht wird, eine »Bauchfrage« und so etwas gedeiht im infantilen Klima immer noch am besten. Da hat die Vernunft erst einmal bescheiden hinten anzustehen. »Raus aus dem Hamsterrad«, heißt es dann. Wenn man nur die »Komfortzone«, diese lästige, träge Bequemlichkeit, erst einmal verlassen hat, stellt der Erfolg sich unvermeidlich ein, glaubt man Motivationsentertainer Jürgen Höller.

Hindernisse sind Herausforderungen, Probleme sind da, um gelöst zu werden, Erfolg ist machbar und nicht mehr als eine Frage des Willens. Wer dann immer noch keinen hat, der ist eben nicht motiviert und damit selbst schuld. All die, die es nicht geschafft haben, müssen als abschreckendes Beispiel herhalten, denn nicht nur den Erfolg, sondern auch den Misserfolg hat jeder ganz und gar für sich auf seinem individuellen Konto zu verbuchen. Spätestens die zynische Logik des inzwischen selbst finanziell reichlich angeschlagenen Jürgen Höller, »Arm kommt von arm an Mut«, lässt keinen Zweifel mehr offen: »Das Scheitern ist das große, moderne Tabu« (Richard Sennett).

Überforderung, Misstrauen und Kontrolle

Die von der Doktrin der Motivation besessenen Vorgesetzten und Unternehmer verwenden eine Menge Zeit darauf, mit völlig diffusen und bisweilen reichlich absurden Versprechungen die Motivationsspirale immer höher zu schrauben und die enthusiastische Bereitschaft und Begeisterung ihrer Mitarbeiter ins Haltlose zu steigern.

Zugleich wird die Motivation zum Selbstläufer und Aushängeschild und kommt der Qualität der Arbeit gefährlich in die Quere.

Zur Tugend schlechthin erhoben ist eine Vielzahl der Mitarbeiter heute vollauf damit beschäftigt, einen möglichst motivierten Eindruck zu hinterlassen: Denn nur die Motivation, die von den anderen wahrgenommen wird, gilt auch als solche. Das endet nicht selten in stupidem Aktionismus, blindem Tatendrang und Mitarbeitern, die sich bar jeder Vernunft mit ungestümem und stumpfem Eifer ans Werk machen. Das heißt auch: Immer am Ball bleiben, dynamisch durch die Firmenräumen joggen, viel Wind um nichts machen, auch mal den Feierabend gut gelaunt hinter den Firmenmauern verbringen und spätestens dann zur Höchstform auflaufen, wenn sich der Chef blicken lässt. Wer still vor sich hinarbeitet und dabei nicht viel Aufsehen um sich macht, der kann motiviert sein, wie er will: Es nutzt alles nichts, wenn es keiner mitbekommt.

Selbstüberschätzung und Überforderung werden nicht nur geduldet, sondern sogar gefördert: »So, so, Rom wurde nicht an einem Tag gebaut. Na, denen würde ich was erzählen. Die haben ihre Leute einfach nicht richtig motiviert.« So gilt das frisch erwachte Interesse der meisten Führungskräfte an der Motivation nämlich keineswegs der Motivation selbst, sondern den Taten, die ihr folgen. Es muss schon was dabei herausspringen bei dem ganzen Aufwand.

Die Anforderungen, mit denen sich ein eigens für seine Arbeit motivierter Mitarbeiter konfrontiert sieht, liegen denn meist auch erheblich über jenen, die er früher schlicht und ergreifend einfach zu erfüllen hatte. Da der mühsam und aufwändig motivierte Mitarbeiter ganz andere Kräfte freisetzen kann und nur schwerlich zu überfordern ist, kann man ihm guten Gewissens ruhig ein bisschen mehr zumuten. Die Motivation wird zum Freifahrtschein. Dank ihrer Hilfe ist es völlig legitim, überzogene Ansprüche an den Mitarbeiter zu stellen. Sogar Dankbarkeit wird von ihm dafür erwartet, dass ihm jetzt endlich mal jemand zeigt, was er wirklich zu leisten in der Lage ist.

Unabhängig von der oftmals damit verbunden maßlosen Erwartung gewährt das allerorts laut werdende Bekenntnis zur Mitarbeitermotivation interessante Einblicke in das Verhältnis von Vorgesetzten und Arbeitnehmern, wie Reinhard K. Sprenger, der den »Mythos Motivation« sorgsam filetiert und entschlüsselt hat, ausführlich beschreibt. Denn selbst da, wo sich die an den Mitarbeiter gestellten Forderungen im Rahmen des Machbaren bewegen, gilt die Motivation als das probate Mittel schlechthin, um den Arbeitnehmer zum gewissenhaften und gründlichen Arbeiten zu bewegen.

Anders gesagt: Erst durch seine erfolgreiche Motivierung fördert der Mitarbeiter bereitwillig die ganze Summe seiner Fähigkeiten, Talente und Leistungen zutage, die er ohne die Aussicht auf Belohnung – das heißt freiwillig und von allein – niemals rausgerückt hätte. Womit der Glaube gestärkt wird, dass er ohne Motivationsanreize seine volle Arbeitskraft erst gar nicht zur Verfügung stellen würde. Der mitschwingende Vorwurf gegen den Arbeitnehmer lautet auf Betrug, wie Reinhard K. Sprenger aufgedeckt hat: »Die zentrale Frage der Führungskraft lautet nämlich, wie bekomme ich die ganze Arbeitskraft meiner Mitarbeiter. Diese Frage beinhaltet unausgesprochen eine Voraussetzung: Die Mitarbeiter leisten aus sich heraus nicht das, was sie sollen, wozu sie sich vertraglich verpflichtet haben und wofür sie bezahlt werden (…). Um es schärfer zu formulieren: Eigentlich – so die implizierte Annahme – sind alle Mitarbeiter Betrüger. Sie betrügen den Arbeitgeber um einen Teil der Arbeitskraft, die er bezahlt.«

Für diese These spricht auch die rasant gewachsene Kontrolle der Mitarbeiter. Drei von vier Großunternehmen in den USA überwachen kontinuierlich die Inhalte von E-Mail-Kontakten, Telefongesprächen, erstellten Dateien und besuchten Internetseiten ihrer Mitarbeiter, wie eine Studie der American Management Association an über 2100 Unternehmen gezeigt hat.

Wer sich also für die Motivation seiner Mitarbeiter stark macht, gibt damit zu verstehen, dass er ihnen nicht im Geringsten über den Weg traut. So sind auch all die separaten Anreize, Motive und Belohnungen nicht mehr als die raffinierte Kombination von Zuckerbrot und Peitsche einer Führungskraft, die ihren Mitarbeitern voller Skepsis und Misstrauen gegenübertritt.

Sackgasse Motivation

Die segensreiche Wunderwaffe Motivation ist Mitarbeitern wie Vorgesetzten dermaßen penetrant eingeimpft worden, dass sich bereits heute immer mehr Unternehmen mit den Spätfolgen dieser dauerhaften Überdosierung herumschlagen müssen.

So hat man bei der Auflistung der Risiken und Nebenwirkungen der Motivierung galant unterschlagen, dass sie sich als Grundpfeiler der »Arbeitshaltung« nicht sonderlich eignet, da sie weder besonders nachhaltig noch auf Langfristigkeit ausgerichtet ist, woran aber jedem Unternehmer gelegen sein sollte. Weder wird der Mitarbeiter mit dieser Wunderwaffe leistungsfähiger noch die Unternehmen profitabler. So existiert, wie Harvard-Professor Alfie Kohn nachwies, weltweit keine einzige Studie, die eine dauerhafte Leistungssteigerung durch Anreizsysteme nachgewiesen hätte.

Motivation lässt sich nicht nach Belieben strecken und dehnen. Sie ist nicht als Dauerzustand gedacht. Sie lebt vom Reiz, und der ist kurzfristig. Kein Kind der Welt lässt sich immer wieder mit einem Riegel Schokolade abspeisen, um sich dann wie gewünscht still auf sein Zimmer zu verziehen. Es fordert mehr. Das Gleiche gilt für den Mitarbeiter. Der Effekt der Gewöhnung macht auch vor ihm nicht halt. Er stumpft ab und verlangt nach neuen Anreizen. Da ist dann der Erfindungsgeist des Unternehmers gefragt, wenn er den »Motor Motivation« am Laufen halten will. Das hat, wie Reinhard K. Sprenger prägnant aufgezeigt, verheerende Folgen: »Da aber Reize bekanntermaßen schnell abflachen, müssen sie immer höher geschraubt werden, was zu der allerorten grassierenden Anspruchsinflation führt. Entsprechend sinkt der Eigenantrieb. Die Mittel sabotieren ihre Zwecke. Das aus diesem Zusammenhang abgeleitete Gesetz nenne ich das Sisyphus-Dilemma der Motivierung. Es lautet: Alle Motivierung zerstört Motivierung.«

Eine Kostprobe, welche die Sackgasse der Motivationsanreize deutlich werden lässt, liefern die derzeitigen Bestrebungen der Unternehmen, den Umgang mit der Ressource Wissen – unter dem Schlagwort Wissensmanagement – effektiv zu organisieren: Ehe das Unternehmen überhaupt erläutert, warum es darauf angewiesen ist, dass der Mitarbeiter sein Wissen teilt, und dieses klipp und klar von ihm unmissverständlich einfordert, wird da mit Prämien herumgewedelt. Wer aber weiß schon, wie oft und wann und ob er – am Kopierer, bei einem Telefonat oder in der Besprechung – welches Wissen bereitwillig weitergibt oder erfährt? Doch auch wenn die Nutzung und Bereitstellung von Wissen mühsam zuzuordnen ist und sein Wert für das Unternehmen schwerlich zu beziffern ist, gehört bereits der Tatbestand »an sich« überschwänglich belohnt. Geholfen ist damit keinem, wie folgendes Beispiel von Uwe Döring-Kater-kamp und Jörg Trojan aus »Motivation und Wissensmanagement« in *Praxis des Knowledge Management* zeigt: Ein von einem Mitarbeiter im firmeneigenen Intranet für alle einsehbar platziertes »Wissensdoku-ment« war nur deshalb so gefragt, weil ihm wohlgesonnene Kolle-gen das Dokument unentwegt aufriefen, wohl wissend, dass die Häufigkeit der Abrufe registriert und belohnt wurde. Der engagierte Kumpel und motivierte Wissensarbeiter konnte die Prämie abgreifen und seine Mitstreiter zum Abendessen einladen.

So endet die Motivationsspirale früher oder später immer wieder am selben Punkt: Mit einem zunehmend reizresistenten Mitarbeiter, der nach immer höheren, besseren, unverbrauchten Antriebsreizen verlangt, um überhaupt noch einen Handschlag zu tun, und einem Unternehmer, der sich in der unwürdigen Rolle des Verwöhn- und Belohnungsentertainers eingerichtet hat.

Führen statt Verführen

Die begeisterte und zeitintensive Aufopferung des Führungsperso-nals für die Motivation ihrer Mitarbeiter geht auf Kosten ihrer ei-gentlichen Aufgabe: Der Mitarbeiterführung, wenn sie sich nicht gleich ganz von selbst erledigt hat, wie der Ausspruch »Motivieren statt Führen« nahe legt.

Es kann nicht im Sinn eines Unternehmers sein, den aufgeblähten aktionistischen Eifer seiner Mitarbeiter mit billigen Belohnungssys-temen zu honorieren. Ebenso absurd scheint es, der Logik eines »ist der Mann erst motiviert, ergibt sich der Rest von selbst« zu folgen und zu denken, man könne die Arbeitshaltung seiner Angestellten ändern, ohne die konkreten Bedingungen vor Ort und die Inhalte und Ziele der Arbeit anzutasten.

Doch statt klare Vereinbarungen zu treffen, Anweisungen zu ge-ben und Ziel und Zweck zu definieren, verhält sich eine erschrecken-de Mehrheit der Führungskräfte wie in folgendem Gleichnis: »Wenn du ein Schiff bauen willst, dann trommle nicht die Männer zusam-men, um Holz zu beschaffen, Aufgaben zu vergeben und Arbeit einzuteilen, sondern lehre die Männer die Sehnsucht nach dem weiten, unendlichen Meer.« Das frech missbrauchte Zitat von Antoine de Saint-Exupéry zählt ohne Zweifel zu den Schlagern der modernen Mitarbeiterführung und beansprucht einen festen Platz in den mit Lebensweisheiten und Kalendersprüchen verstopften Zitatensammlungen für Führungskräfte und wurde schon so manchem Arbeitnehmer um die Ohren gehauen.

Die Mehrheit der Vorgesetzten täte gut daran, sich erst einmal gründlich der weniger Aufsehen erregenden »Arbeitsplatzzufriedenheit« zu widmen, bevor sie sich auf die Motivation ihre Mitarbeiter stürzen und damit in erster Linie darauf schielen, ›Wie‹ der Mitarbeiter seine Arbeit verrichtet, nämlich motiviert. Das »Kapital Mensch« ist komplex, eigensinnig und reagiert empfindlich auf Störungen. Mit all den schönen Belohnungen und implantierten Motiven kommt man nicht weiter als mit der berühmten Karotte, die man dem sturen Esel vor die Nase hält, um ihn zum Laufen zu ermuntern. Langfristig wirksam bleibt nur die Motivation, die der Mitarbeiter aus dem eigentlichen Prozess der Arbeit selbst zieht: Der organisatorischen Infrastruktur, der Nachvollziehbarkeit von Zusammenhängen und Prozessen und nicht zuletzt der Kommunikation der Ziele, Nutzen und Aufgaben, in die die Arbeit eingebettet ist.

Es gehört schlicht und ergreifend nicht zu den Aufgaben einer Führungskraft, für die permanente Motivation ihrer Mitarbeiter zu sorgen, auch wenn es nach wie vor in den Katalogen der Führungsqualitäten aufgelistet ist. Anstelle dessen müssen endlich wieder verbindliche Forderungen und klare Anweisungen treten, die genau sagen, was wie zu tun ist. Es ist der Job eines jeden Vorgesetzten, die erforderlichen Arbeitsbedingungen bereitzustellen, indem er Forderungen klar formuliert, feste Absprachen ermöglicht und Anweisungen erteilt.

Andersherum ist es nämlich sein gutes und vertraglich zugesichertes Recht, von dem Mitarbeiter zu fordern, dass er seine Leistung und sein Wissen dem Unternehmen zur Verfügung stellt. Ganz so, wie man von einem Bäcker erwartet, dass er Brötchen backt, und von einem Bademeister, dass er danach schaut, dass keiner ertrinkt, ohne dass irgendwelche Sperenzchen veranstaltet werden müssen, um sie bei Laune zu halten.

Eine solide Mitarbeiterführung verlangt außerdem, dass Vorgesetzte ihren Untergebenen das entgegenbringen, auf das gute Leistung seit jeher baut: Respekt und Anerkennung. Dazu zählt, dem Mitarbeiter erst einmal grundsätzlich zu glauben, dass er den Anforderungen nach bestem Wissen nachkommt und sich an die getroffenen Vereinbarungen hält, ohne dass er dafür extra durch Belohnungen angestachelt werden müsste. Dazu gehört auch, dafür zu sorgen, dass die von dem Mitarbeiter geforderten Leistungen sich in einem realistischen Rahmen bewegen und er die Aufgaben und Tätigkeiten zugewiesen bekommt, die seiner Leistung und Qualifikation und seinem Talent entsprechen.

Unterforderung und mangelnde fachliche Entwicklungsmöglichkeiten der Mitarbeiter bleiben – und daran werden auch alle noch so appetitlichen, ihm vor die Füße geworfenen Motivationshäppchen nichts ändern – ein deutliches Indiz für einen fundierten Mangel an Respekt, der Feind jeglicher Motivation überhaupt.

Statt den Mitarbeitern Anreize zu geben, auf Effekte zu setzen, müssen sie Raum und Zeit für Reflexion und Zweifel bekommen. Gute Arbeit braucht Zeit, Vernunft und Ruhe. Gerade dann, wenn es sich um so immaterielle Dinge wie Wissen, Service und Informationen handelt. Die Aufgaben, die der Einzelne zu lösen hat, werden immer komplexer. Probleme, Konflikte, Unvorhergesehenes und Widersprüchliches sind daher feste Bestandteile der Arbeit. Das erfordert das bewusste Nachdenken, das Analysieren und Verstehen von Zusammenhängen. Anforderungen, die allerdings nicht sonderlich kompatibel sind mit dem aufgedrehten, übermotivierten Typus, den sich immer mehr Unternehmen herangezüchtet haben. Gesichertes Wissen und durchdachte Ergebnisse entspringen nun einmal nicht einem Bauchgefühl oder Machbarkeitswahn, und nicht überall, wo ein Wille ist, ist schon ein Weg.

Als Gegenleistung darf vom Mitarbeiter erwartet werden, dass er die Vorgaben und Anforderungen respektiert, die an ihn gestellt werden. Das heißt auch, dass er sich intensiv mit den Problemen seiner Arbeit auseinander setzt und nachdenkt, statt einfach nur draufloszumachen. Schwierigkeiten sind nicht zu ignorieren, Zweifel nicht wegzuwischen. Sie gehören zur Arbeit dazu und sind oftmals wichtiger Antrieb und die Voraussetzung für gute Leistung.

Das Büro Mair u. a. haben das Scheitern wieder in die Arbeit mit einbezogen. Wir halten es mit der Prämisse, wer nie zweifelt und keine Fehler macht, der arbeitet nicht. Wer seine Arbeit mit links erledigt und nie die Stirn in Falten legt, macht sich verdächtig.

Geregelte Verhältnisse

Häufig leidet man daran, dass man zwar viel Arbeit,
aber keine Aufgabe hat.

HELMUT WALTERS

Mitarbeiterführung ohne verbindliche Absprachen, Regeln und Forderungen funktioniert nicht, denn Führen bedeutet immer auch einzuschränken, zu kontrollieren und Vorgaben zu machen. Dieser Aufgabe hat sich die Führungskraft zu stellen und sich nicht hinter diffusen Motivations- und Belohnungssystemen zu verstecken.

Statt alles immer wieder ständig auszuhandeln und auf persönliche Befindlichkeiten zu setzen, müssen Richtlinien und Regelwerke her, die verbindlich für alle gelten und von jedem Mitarbeiter uneingeschränkt einzuhalten sind. Ihr Nutzen entspringt ihrer Gültigkeit: Sie regeln die Verhältnisse, sorgen für Klarheit und Konsequenz, entlasten den Mitarbeiter und fordern die Führungskraft wieder als Führungskraft. Der Vorteil eines vollständig auf Regeln und Pflichten basierenden Unternehmens liegt auf der Hand: Die Mitarbeiter können dem nachgehen, wofür sie ja ursprünglich eingestellt worden sind: ihrer Arbeit.

Das erleichtert auch den Unternehmern und Führungskräften ihre Arbeit, die darin besteht, die Entscheidungen zu treffen, die sie für sinnvoll und effizient halten, und nicht solche, die eine möglichst große Motivierung des Mitarbeiters versprechen. Konflikte gehören zum Unternehmensalltag; alle Mühe, sie schön zu reden oder mit allen Kräften zu vermeiden, um bloß das harmonische Betriebsklima als filigrane Antriebsfeder der Motivation unbeschädigt zu lassen, ist umsonst: Bringt der Mitarbeiter nicht die erwartete Leistung, ist das deutlich zur Sprache zu bringen. Gibt es Unstimmigkeiten, bedeutet das eben auch, mal ein klares Machtwort zu sprechen und sich auf die Regeln zu berufen.

Anders würde es aussehen, müsste man den Arbeitnehmer zur unentgeltlichen und freiwilligen Arbeit überreden. Der Arbeitnehmer wird aber für seine Arbeit bezahlt, seine Belohnung ist sein Lohn, wie die Bezeichnung bereits erahnen lässt. Der Unternehmer kauft die Leistung und die dafür nötige Leistungsbereitschaft des Arbeitnehmers, der sich damit bereit erklärt, seinen Dienst nach den Vorschriften des Unternehmens zu erfüllen, ohne sich ständig zu fragen, wieso und warum er dieses und jenes tut und ob es ihm auch genug Sinn und Antrieb vermittelt.

Will der Arbeitnehmer aber seine eigenen Vorstellungen realisieren und sich als ganzer Mensch einbringen, dann soll er das woanders tun. »Organisationen zeichnen sich dadurch aus, dass sie von den individuellen Interessen der Mitarbeiter abstrahieren. Mit der Unterzeichnung eines Arbeitsvertrags erklärt sich ein Mitarbeiter bereit, seine eigenen Interessen zurückzustellen und sich auf die Regeln der Organisation erst einmal einzulassen«, schreibt Stefan Kühl in seinem Buch *Das Regenmacher-Phänomen*. Darin liegt der Kern eines wirtschaftlichen Unternehmens. Es sichert sein Überleben nun einmal nicht vorrangig mit dem persönlichen Engagement Einzelner, sondern durch formalisierte Regeln, die zugleich gewährleisten, dass der Einzelne ersetzbar und austauschbar bleibt.

Die Mitarbeiter von Mair u. a. sind gut damit beraten, sich nicht zu viel Lustgewinn von der Tätigkeit zu erhoffen und keine übersteigerten Erwartungen in ihre Arbeit zu setzen. Daraus machen wir kein Geheimnis. Das Erste, was ein neuer Mitarbeiter in die Hände bekommt, ist ein Katalog, der alle verbindlichen Regeln enthält. Diese liefern die Vorgaben für die Zusammenarbeit und die Anforderungen, die sich daraus für den Mitarbeiter ergeben.

Die im Folgenden aufgelisteten Regeln stellen einen Auszug aus dem Regelwerk-Katalog vom Büro Mair u. a. dar, wie er in der Firma ausliegt und an jeden Mitarbeiter ausgegeben wird. Was hier komprimiert und als Beispiel für ein Regelwerk aufgelistet wird, wird in den einzelnen Kapiteln dieses Buches aufgegriffen, und Sinn und Zweck der einzelnen Regeln werden dort ausführlich dargestellt.

Das Regelwerk

1. Dienstzeit (Montag – Freitag)
    Gearbeitet wird nur wochentags von Montag bis Freitag. Am

Wochenende, an Sonn- und Feiertagen bleibt das Büro grundsätzlich geschlossen.

2. Uhrzeit (9.00 – 17.30 Uhr)

Dienstbeginn ist werktags um Punkt 9.00 Uhr. Um 17.30 Uhr ist Dienstschluss, spätestens um 18.00 Uhr hat auch der Letzte das Büro verlassen. Ab 17.00 Uhr ist es nicht mehr zwingend notwendig, Telefonate entgegenzunehmen. Mitarbeiter und Unternehmer einigen sich auf die von dem Mitarbeiter zu leistenden Wochenstunden und verteilen diese gemeinsam auf die Woche, dabei wird versucht, den Wünschen des Mitarbeiters zu entsprechen. Die einmal festgelegten Arbeitszeiten gelten verbindlich; sie sind unbedingt einzuhalten und werden festgehalten.

Bleibt jemand der Arbeit fern und verspätet sich oder verlässt das Büro vor dem Ende seiner Arbeitszeit, ist das zeitig anzukündigen. Grund und Zeit des Ausfalls sind unaufgefordert auf dem aushängenden Kalender einzutragen, die Termine werden zum Wochenbeginn »von oben« abgesegnet. Private Termine (wie Arztbesuche oder Autoinspektionen) sind bei einer Dauer über zwei Stunden vorher abzusprechen. Vor 9.00 Uhr und nach 18.00 Uhr ist das Büro geschlossen. Keiner der Mitarbeiter verfügt über einen Büroschlüssel.

3. Pause (13.00 – 13.30 Uhr und 13.30 – 14.00 Uhr)

Zwischen 13.00 und 14.00 Uhr ist jeder verpflichtet, mindestens eine halbe Stunde Mittagspause zu machen. Er hat dafür zu sorgen, dass sich während seines Fernbleibens ein Kollege um eingehende Anrufe etc. kümmert.

4. An Ort und Stelle

Den in Köln und Umgebung ansässigen Mitarbeitern sind alle Arbeiten im Dienste der Firma zu Hause untersagt. Gearbeitet wir nur in den Büroräumen. Es ist verboten, Arbeitsunterlagen aus dem Büro mit nach Hause zu nehmen oder zu Hause erstellte Daten in das Büro zu tragen. Sollte trotzdem an Projekten zu Hause weitergearbeitet werden, hat das Konsequenzen. Die einzige Leistung, die außerhalb der Firmenmauern erlaubt ist, ist das Lesen. Mitarbeiter, die nicht vor Ort im Büro arbeiten können, seien daran erinnert, dass sie für einen 8-Stunden-Tag bezahlt werden. Sie sind aufgerufen, sich an die geltenden Geschäftszeiten zu halten.

5. Einstellung
Bei der Auswahl der Mitarbeiter erhalten Frauen bei gleicher Qualifikation grundsätzlich den Vorzug.

6. Spaß
Wer denkt, gute Arbeit ist nur die Arbeit, die auch Spaß macht, ist hier falsch.

7. Ordnung
Jeder Mitarbeiter hat seinen festen Arbeitsplatz, diesen hat er nach Dienstschluss ordentlich und aufgeräumt zu hinterlassen. Das Gleiche gilt für alle von ihm benutzten Arbeitsmaterialien und verwendetes Geschirr.

8. Befindlichkeiten
Wir sind keine Freunde, sondern Kollegen oder Vorgesetzte. Aus diesem Grund sind während der Arbeitszeit private Befindlichkeiten hinten anzustellen. Gespräche, deren Inhalt privat statt geschäftlich ist, sind zu vermeiden. Wem dies nicht möglich scheint, wird gebeten, sich auf das Wesentliche zu beschränken. Fünf Minuten sind geduldet, alles was darüber hinausgeht, muss bis zur Mittagspause warten.

9. Privatkontakte
Mobiltelefone sind während der Geschäftszeiten auszuschalten. Es gibt auch keinen Anlass, die Büronummer freudig an sämtliche Bekannte und Verwandte zu verteilen. Das Führen von persönlichen Telefonaten und Versenden von privaten E-Mails ist nur in der Mittagspause erlaubt. Auch hier gilt: Alles über fünf Minuten muss nicht sein.

10. Umgang
Vorgesetzte und Kollegen sollten während der Arbeit grundsätzlich gesiezt und mit Nachnamen angesprochen werden. Der Umgangston ist grundsätzlich höflich, freundlich-kollegial und nicht zu privat. Ansonsten ist niemand gezwungen, besonders witzig, charmant oder unterhaltsam zu sein. Schlecht gelaunte oder maulfaule Mitarbeiter werden toleriert, solange sie nicht den Betrieb aufhalten.

11. Garderobe
    Während der Arbeit sollte Arbeitskleidung getragen werden. Jede Mitarbeiterin bekommt ein Kostüm, weiter gibt es Shirts und Pullover, auch für Männer.

12. Vor dem Kunden
    Das Tragen des Firmen-Kostüms bei Kundenterminen ist obligatorisch. Es ist oberstes Gebot, sich vor dem Kunden zu siezen. Auch der Kunde selbst ist unter allen Umständen zu siezen. Vor dem Kunden gibt es nur das »wir« der Firma, das Wörtchen »ich« gilt es tunlichst zu vermeiden.

13. Nach der Arbeit
    Was jeder in seinem Privatleben anstellt, ist privat und damit seine Sache. Es wird von niemanden erwartet, sich außerhalb der Geschäftszeiten mit dem Büro zu beschäftigen. Ganz im Gegenteil: Vom Arbeitsalltag als abendfüllendem Gesprächsstoff wird ebenso abgeraten wie von übermäßigem Kontakt mit den Kollegen. Wer trotzdem denkt, man müsse sich auch privat näher kommen, sollte das Büro als Thema möglichst vermeiden. Auch hier gilt: Fünf Minuten sollten reichen. Zudem sollte sich jeder alle Mühe geben, nicht von »wir« zu sprechen, wenn er das Büro meint. Wir sitzen nicht alle in einem Boot, außer vor dem Kunden.

14. Das letzte Wort
    Der Großteil der Entscheidungen und Vorgaben wird von den Vorgesetzten getroffen. Nach diesen Entscheidungen haben sich alle Mitarbeiter zu richten. Sie gelten verbindlich und sind nicht in Frage zu stellen. Kommen Mitarbeiter bei von ihnen eigenständig zu treffenden Entscheidungen zu keiner klaren Lösung, kann der Vorgesetzte das Hin und Her jeder Zeit verkürzen, indem er entscheidet.

15. Jeder kehrt vor seinem Haus
    Auch die Kompetenzen sind klar verteilt. Aufgaben werden vergeben und nicht selber ausgesucht. Jeder Mitarbeiter hat sich um den ihm zugewiesenen Arbeitsbereich und das ihm aufgetragene Projekt zu kümmern. Er ist verpflichtet, sein Wissen zu teilen, was aber kein Freifahrschein ist, um sich unaufgefordert in Angelegenheiten der Vorgesetzten und Kollegen einzumi-

schen. Bestehen Unklarheiten oder Unsicherheiten bezüglich des eigenen Projekts, sind diese direkt dem Vorgesetzten zu melden und mit ihm zu besprechen.

16. In ist out

Alles, was in der modernen Arbeitswelt als modisches oder als hippes Accessoire gilt, hat hier nichts zu suchen. Wer mit dem Kickboard kommt, der ist woanders besser aufgehoben.

17. Böse Wörter

Die Liste der verbotenen Wörter führt all die Wörter auf, deren Gebrauch in den Unternehmensräumen strikt untersagt ist. Die Liste erhebt keinen Anspruch auf Vollständigkeit und kann ergänzt und erweitert werden: Bitte keine Marketing-Gassenhauer, kein »Keyvisual« auf dem »Moodchart«, kein »work flow«. Auch von »Deadlines«, »Briefings«, »Meetings« oder »Brainstormings« wollen wir nichts hören. Wer glaubt »Visionen« zu haben, ist wirr, »kreative Ansätze« mit »Mehrwert« gehören in den Papierkorb.

18. Runder Tisch

Jeden Montagmorgen finden sich alle Mitarbeiter und Vorgesetzten zu einer Besprechung ein, in der »von oben« vorgegeben wird, wer was wann und wie diese Woche erledigt. Weiter werden neue Ziele formuliert, die bisherigen Ergebnisse kontrolliert und aufeinander abgestimmt und, wenn nötig, Anforderungen korrigiert. Ziel dieser Veranstaltung ist es, jeden Mitarbeiter mit den nötigen Informationen für seine Arbeit zu versorgen und Klarheit darüber zu gewinnen, wo jeder steht. Informelles Geplänkel und ausufernde Diskussionen stehen nicht auf dem Programm.

19. Gewöhnlich ist gut

Im Mittelpunkt steht die Arbeit. Keine aufpolierte Unternehmenskultur, die das Unternehmen sexy macht. Keine Beteuerung, dass sich in unseren Reihen nur die Besten befinden, kein Entertainment, keine Attitüde, kein philosophischer Überbau. Dafür banale Normalität und routinierter Alltag. Bemühungen, den Arbeitsalltag zum Happening zu machen und gekonnt in Szene zu setzen, sind unerwünscht.

20. Minuspunkte

Die hier aufgeführten Regeln sind von jedem einzuhalten, werden sie unterlaufen, hat das Konsequenzen.

Zurück zum Betrieb

Spaßfaktor Arbeit

*Wenn Sie unterhaltsame Arbeit, Spiel und Spaß
auf einmal suchen, dann sind Sie bei uns richtig!*

AUS EINER STELLENANNONCE DER GAMBAS ENTERTAINMENT AG

Arbeit als Selbstzweck

Jahrtausende lang galt Arbeit als Mittel zum Broterwerb. Schon in
der Bibel steht im Buch Moses geschrieben, dass die Arbeit nicht
mehr war als ein Denkzettel für die lasterhafte Neugier Adams, der
nun »sein Brot essen sollte im Schweiße seines Angesichts«. Auch die
unter den Philosophen im antiken Rom kursierende Meinung, Arbeit
gelte es, wenn nur irgend möglich, zu vermeiden, und den delikaten
Müßiggang vorzuziehen, klingt heute altbacken und leistungsscheu.
Und wer erinnert sich nicht voller Widerwillen an die Zeiten, als der
eigene Vater am Abendbrottisch maulend über seinen Chef herzog
und es bei der Arbeit vor allem ums Geldverdienen ging.

Seit die Rede von der beruflichen Selbstverwirklichung grassiert,
geht es bei der Arbeit immer weniger um Broterwerb als vielmehr
um Leidenschaft und Sinn. Arbeit als notwendiges Übel der Existenzsicherung wird immer mehr zum kostbaren Baustein der eigenen Biografie. Wie Studien belegen, würde mehr als die Hälfte der
Arbeitnehmer selbst nach einem großen Lottogewinn fröhlich weiter
arbeiten, auch wenn sie nicht mehr auf ihren Lohn angewiesen wären.

Dabei wird die Arbeit immer knapper: Ganze Industriezweige sind
trotz der fürsorglich in sie hineingepumpten Subventionen verwelkt,
kontinuierliche Erwerbsverhältnisse und Vollbeschäftigung ein Auslaufmodell. Auch wenn die mit Wissen, Dienstleistung und Informa-

tionen handelnden Tätigkeiten zunehmen, läuft es insgesamt betrachtet darauf hinaus, dass sich immer mehr Menschen immer weniger Arbeit teilen müssen. Doch die Arbeit bleibt das A und O. Ein
Leben ohne oder auch nur mit weniger Arbeit scheint geradezu unmenschlich. Oder wie es die Nürnberger Gruppe Krisis in ihrem *Ma-
nifest gegen die Arbeit* beschreibt: »Die Gesellschaft war noch nie so
sehr Arbeitsgesellschaft wie in einer Zeit, in der die Arbeit überflüssig
gemacht wird. Gerade in ihrem Tod entpuppt sich die Arbeit als tota-
litärste Macht, die keinen anderen Gott neben sich duldet. Bis in den
Alltag und die Psyche hinein bestimmt sie das Denken und Handeln
(…). Je unübersehbarer es wird, dass die Arbeitsgesellschaft an ihrem
definitiven Ende angelangt ist, desto gewaltsamer wird dieses Ende
aus dem öffentlichen Bewusstsein verdrängt.«

In Japan hat man für dieses Problem bereits eine Lösung parat. Eine
ganze Schar von Unternehmen hat die frisch Gekündigten mit ihrer
Angst vor öffentlicher Pein als lukrative Zielgruppe entdeckt. Der
Arbeitslose wird mit einem Placebo-Paket bestehend aus Job, Titel,
Visitenkarte und Postfach ausgestattet, das Sekretariat übernimmt
ein Anrufbeantworterservice und auch für den regelmäßigen Gehalts-
scheck ist gesorgt.

Die verbleibende Arbeit wird umso mehr als Erfüllung stilisiert, je
mehr sie sich von Schufterei, ermüdender Routine und pedanti-
schen Vorschriften befreit und dem Mitarbeiter die Möglichkeit der
Entfaltung und des kreativen Schaffens eröffnet. »Proklamiert wird
ein neuartiger Arbeitsbegriff, der frei ist von Schweiß, Schmutz und
Anstrengung«, konstatieren die Ethnologin Johanna Riegler und der
Medien- und Kultursoziologe Fritz Betz, die untersucht haben, wie
das neue Bild der Arbeit in der Werbung dargestellt und vermittelt
wird. Statt ein Ende der Orientierung auf Arbeit auszurufen, geht der
Trend zu »einer Intensivierung und Ausdehnung beziehungsweise
einer zunehmenden Mobilisierung der Arbeitsgesellschaft«. Von Ort
und Zeit gelöst fordert sie die Ressource Mensch, mit all ihren Poten-
zialen, Kapazitäten und ungestümer Leistungsbereitschaft.

Die beiden Seiten der Medaille Arbeit, ihre Sandwichposition zwischen mühevoller »Arbeit« und dem »Werk«, in dem sich der Schaf-
fende verwirklicht, liefern seit jeher Stoff für brisante Auseinandersetzungen und theoretische Abhandlungen. Heute, so scheint es, ist

der Widerspruch aufgehoben. Zwang und Werk, Arbeit und Freizeit, Ernst und Spaß sind keine Widersprüche mehr.

Auch ein historischer Prototyp dafür wurde schon gefunden: Der Jäger und Sammler der vergangenen Zeiten, in dessen Leben sich die Arbeit nahtlos einfügte, muss als verklärtes Ideal herhalten. Und wenn nicht er, dann müssen die von der Industrialisierung verschonten Einwohner in den Höhenlagen der italienischen Alpen als Vorbild dienen, um auch den allerletzten Zweifel auszuräumen, dass das wahre Glück nur den ereilt, der der kleinkarierten Trennung von Arbeit und Leben, Spaß und Ernst abschwört. Ob die Idylle in den Alpen oder die romantisch-aufregende »Arbeitsauffassung« des Jägers und Sammlers: Wie der neue Lebensmodus des arbeitenden Menschen auszusehen hat, scheint festzustehen. Auch in jüngster Vergangenheit lassen sich Beispiele finden. Selbst wenn viele der Start-ups der New Economy nicht mehr unter uns weilen, haben sie doch eins demonstriert: Wer auf eine herausfordernde Arbeit verweisen kann, braucht sonst nicht mehr viel im Leben.

Auch wenn sich seine Arbeit nicht um Strohballen, Tierjagd oder Lagerfeuer dreht, so muss der Mitarbeiter heute erkennen, dass wahre Freude an der Arbeit nur möglich ist, wenn man sie nicht mehr als zwingendes Muss sieht, sondern als sinngebende Beschäftigung, die Erfüllung verspricht. Beide Seiten, Unternehmer wie Arbeitnehmer, würden davon profitieren, so die These. Der Unternehmer erklärt sich zuständig für Unterhaltung, Herausforderung und Abwechslung, und der Mitarbeiter verspricht seine Neugier und seinen Erfindungsgeist nicht mehr in der verstaubten Welt der Freizeit zu vergeuden, sondern bereitwillig im Unternehmen in den kreativen Prozess des Schaffens einzubringen.

Spiel, Spaß und Überraschung

Wenn man sich heute umschaut, gibt es kaum noch einen, der diese Lektion nicht brav gelernt hätte: Arbeit ist Vergnügen, aus Ernst wird Spiel und aus Kollegen werden Freunde und Familie. Und vor lauter guter Laune könnte der Mitarbeiter fast vergessen, dass er nicht zum Spaß allein da ist. Aber der ist natürlich wichtig. Haben sich für die

Motivierung der Mitarbeiter immerhin noch vermeintlich plausible Gründe finden lassen, da sie zumindest auf die Leistungsbereitschaft zielt und mit dem Prozess der Arbeit verbunden ist, so markiert der heute allerorts geforderte Spaß an der Arbeit die nächste Steigerung ins Absurde.

Arbeit darf nicht nur, nein, sie muss sogar Spaß machen, so die allseits akzeptierte, verbindende Forderung. Lange genug grau und ernst aus staubigen Büros von älteren Herren in Nadelstreifen gelenkt, wurde die Wirtschaftswelt gehörig durchgeschüttelt und kommt jetzt randvoll mit jeder Menge guter Laune und witzigen Ideen daher. Wer es immer noch nicht mitbekommen hat, dem öffnet spätestens die Werbung die Augen: Das Treffen nennt man jetzt Meeting und es erschöpft sich darin, beim Angeln in der Südsee ganz viel Fun und ein paar schräge Ideen zu haben. Bier – als beworbenes Produkt – darf dabei nicht fehlen. Da kommt Stimmung auf. Den Unternehmer, der sich auf dem Handy salopp nach dem Stand der Ergebnisse erkundigt, stört das nicht weiter. Der genehmigt sich selber gerade die erste Flasche und bewilligt bereitwillig noch einen Tag Aufschub.

Nur eine Version des »Management by Fun« unter vielen. Was zählt, ist der Spaßfaktor. Wenn schon arbeiten, dann mit ganz viel Freude an der Sache: »Spaß ist ein anderes Wort für Freude, Lust und Motivation und Sinnhaftigkeit. Wer keinen Spaß an der Arbeit hat, wird auf Dauer auch nicht leistungsfähig sein. Ohne den Spaßfaktor gibt es auch kein berufliches Erfolgserlebnis«, bestätigt dann auch Deutschlands Freizeitpapst Dr. Horst Opaschowski. Spaß ist nicht länger eine nette Begleiterscheinung der Arbeit, sondern deren Ziel und Zweck. Und so wird es vermutlich nicht mehr lange dauern, bis die Frage nach der beruflichen Tätigkeit (»Was machen Sie so?«) von der Frage nach dem »Fun-Faktor« abgelöst wird, wie Matt Weinstein in seinem Buch *Mangement by Fun* prophezeit: »Haben Sie Spaß ist eine bahnbrechende Frage, die im Wirtschaftsleben der Zukunft zu stellen ist. Erst wenn wir daran gehen, uns selbst und anderen diese Frage zu stellen, können wir unsere Arbeit wirklich umgestalten.« »Fühlen statt Machen« lautet das dazugehörige Credo.

»Es wird ein Gefühl der Entdeckung geschaffen, ein kreatives Gefühl, welches das Individuum in eine andere Realität versetzt. Es treibt die Person zu höheren Leistungen an und führt zu einem vorher ungeahnten Zustand des Bewusstseins.« Mit diesen Worten beschreibt Psychologieprofessor Mihaly Csikszentmihalyi den Zustand, in den es zu gelangen gilt, will man – ganz unabhängig von dem, was man tut – Spaß haben bei dem, was man tut: den Zustand des Flow. Geht dieser Bewusstseinszustand mit Arbeit einher, spricht man mit Vorliebe von »work flow«.

Ein Zustand nahe am Rausch. Im exzessiven Schaffen versunken und von Glücksmomenten durchzuckt bekommt der Mitarbeiter im »work flow« nicht mehr viel mit, auch nicht, wie die Zeit vergeht. »Als ob man schwebt«, sagen die einen, »wie ein Kick«, »eben voll und ganz dabei«, die anderen.

Das völlige Aufgehen in der Arbeit wird zum Ziel der Arbeit an sich erklärt. So ist der Arbeitnehmer auch nicht länger ein profaner Erwerbstätiger, der nur das tut, wozu er sich bereit erklärt und verpflichtet hat, sondern er wandert ab in die Sphäre der genialen Erfinder und kreativen Visionäre. Der Beruf wird zur Berufung, die Arbeit zum Werk. Was früher Künstlern, Dichtern und Denkern vorbehalten war – die euphorische Hochstimmung, das völlige Einswerden mit der Arbeit, die Verschmelzung von Tun und Sein – soll heute auch Projektmanagerinnen, Berater und Personalbeauftragte durchströmen. Selbst die Niedriglöhner der viel gescholtenen Dienstleistungsoffensive, ob der Kassierer im Supermarkt, der Telefonist im Callcenter oder die Verkäufer großer Fastfoodketten, sie alle haben die Möglichkeit, sich vom kreativen »work flow« mitreißen zu lassen.

Alles nur eine Frage der »inneren Einstellung«, der Bewusstseinshaltung: »Selbst die banalste und anspruchsloseste Beschäftigung kann unsere Lebensqualität steigern, anstatt sie zu schmälern, wenn man an sie ohne allzu viele kulturell geprägte Vorurteile herangeht und sich entschließt sie so zu gestalten, dass sie für uns persönlich einen Sinn gibt«, betont Mihaly Csikszentmihalyi.

Wer sich damit schwertut, kann auf den neunmalklugen Trick von Vera Birkenbihl zurückgreifen und der eigenen Spaßbremse ein Schnippchen schlagen: Man verschwinde auf einen einsamen Ort wie die Toilette, verziehe das Gesicht zu einer grinsenden Grimasse und warte, bis der Körper fälschlicherweise annimmt, es gäbe tatsächlich einen erfreulichen Grund zur Freude, und daraufhin die körpereigenen Glückshormone herausrückt.

Distanz zu dem, was man tut, und Gedanken wie die, dass es, anders als bei den meisten Künstlern und genialen Denkern, nicht die persönlichen Interessen und Ziele sind, die mit der Arbeit verfolgt werden, sind für den Flow nicht brauchbar und gehören ausgeschaltet, behindern sie doch nur die Chance, die Arbeit nun ganz als Erfüllung anzunehmen. Dankbar soll der Arbeitnehmer sein, dass er sich mit der Suche nach Selbstverwirklichung, Spaß an der Leistung und glückserfüllten Momenten nicht in der Freizeit herumschlagen muss, sondern ganz in einer von der Schmach des Mühsals befreiten Arbeit aufgehen kann.

Spiel ohne Grenzen

Entrückt von ihrer wirtschaftlichen Notwendigkeit für den Einzelnen und den unternehmerischen Zielen wird die Arbeit zum Spiel. Sie verspricht Erfolg, Erlebnis und Hochgefühle. Eigentlich wäre an einer Betrachtungsweise, die in der Arbeit eine Form des Spiels sieht, gar nichts auszusetzen. Sowohl in der Arbeit als auch im Spiel schlüpft man in Rollen, stellt sich Anforderungen, löst Probleme und verfolgt ein Ziel. Arbeit lebt, wie das Spiel auch, von Regeln, die von allen Spielern zu befolgen sind. »Es wird übersehen, dass Arbeit viel eher Spielcharakter hat als die meisten anderen Tätigkeiten (...). Je mehr Arbeit einem Spiel ähnelt – mit Vielfalt, angemessenen Herausforderungen, deutlichen Zielen und unmittelbarer Rückmeldung – umso erfreulicher ist sie«, schreibt Johan Huizinga, der den »Homo Ludens« als solchen benannte und dessen Lust am Spiel erklärte. Zugleich setzt jedes Spiel voraus, dass der Spielende sich darüber im Klaren ist, dass er »im Spiel« ist und dabei Regeln, Verhaltensweisen und Beweggründe zählen, die außerhalb des Spiels nicht oder nur begrenzt gelten: Schon das Kind weiß genau, dass es bloß »so tut als ob«, dass alles »bloß zum Spaß« ist. Anders gesagt: Erst die Trennung zwischen dem Spiel und der tatsächlichen und realen Welt macht es möglich, dass das Spiel zum Spiel wird.

Doch gerade an dieser Trennung, an der Grenze zwischen der Spielform Arbeit und dem normalen Leben, wird derzeit mit allen Kräften gerüttelt. Die von der modernen Arbeitswelt zur Verfügung gestellte Arbeit begnügt sich nicht mehr länger damit, »bloß Arbeit« zu sein. Die moderne Unternehmensorganisation mit ihrem Mangel an Regeln, Verbindlichkeiten und Grenzen und ihren Appellen an die Eigenständigkeit und Selbstverantwortung kommt da gerade richtig: Arbeit soll dem Mitarbeiter nun all das auf einmal liefern, was er sich zuvor im gewöhnlichen Leben mühsam zusammensuchen musste: Spaß, Erfüllung, Selbstverwirklichung. Arbeit wird zum verordneten Spiel, dem der Zwang zugleich seine spielerische Grundlage entzieht: Aus dem Spiel wird Ernst, der Spaß wird zwanghaft.

Um von der verordneten Tyrannei wieder zum ernsthaften »Spiel« im klassischen Sinn zu kommen, braucht Arbeit verbindliche Regeln, Formen, Rituale und Ziele und eine begrenzte Spielwiese, die sie von dem sonstigen Leben abtrennt und unterscheidet. Dafür muss sie sich auf das beschränken, was sie auch wirklich liefern kann. Spaß, Zerstreuung und seriengefertigte Glücksmomente gehören erst einmal nicht in ihr Programm.

Sicher, Arbeit kann Sinn stiften, man kann in ihr aufgehen und versinken, sich in ihr verwirklichen und durch sie erfüllt sein, und es wird kaum jemanden geben, der sich nicht wünschen würde, dass die Arbeit, die er verrichtet, all das einlöst. Die Forderung nach Spaß an der Arbeit ist vernünftig und ein human klingender Ansatz, aber – und das wird meist außer Acht gelassen – die meisten dem Erwerb dienenden Arbeiten sind überhaupt nicht in der Lage, diese Forderung einzulösen geschweige denn zu garantieren.

Das Gleiche gilt für das Spiel. Wer einmal, von einer geselligen Runde dazu gedrängt, sich zum Spielen bereit erklärt hat, nur um nicht als Spielverderber zu gelten, wird sich gut an die zähen und wenig spaßigen Momente erinnern, nicht zu sprechen von der Anstrengung, sich den ausbleibenden Spaß nicht auch noch anmerken zu lassen. (»Siehst du, jetzt macht es dir doch Spaß.«)

In einer ähnlich unangenehmen Lage befindet sich heute der Mitarbeiter: Wer nicht permanent Spaß an seiner Arbeit hat oder sie gar als lästige Pflicht oder Mühsal empfindet, gilt als bemitleidenswert und wird angehalten, über sich und seine Einstellung zur Arbeit nachzudenken. Er wird aufgefordert nach Gründen zu forschen: Liegt es an mir? Ist es der Job? Fehlt mir die Herausforderung? Hätte ich in einem anderen Unternehmen mehr Spaß? Warum stürzt sich Kollege X nur immer so übermütig und gut gelaunt in die Arbeit?

Keinen Spaß bei der Arbeit zu empfinden, Distanz zu ihr zu bewahren, sich gar vorsätzlich nicht allzu viel von der einem zugewiesenen Tätigkeit zu erhoffen, gilt als »nicht normal«.

Wer ständig vermittelt bekommt, dass nur die Arbeit, die einen die Welt um sich herum vergessen lässt und Spaß bereitet, eine gute Arbeit ist, wird sich früher oder später auf die Suche nach ihr begeben.

Finden werden sie die wenigsten. Die Gründe dafür liegen in der Arbeit selbst: Arbeit und Spaß sind schlicht zwei Paar Stiefel: Spaß ist Spaß und jeder Unternehmer tut gut daran, seinen Mitarbeitern genug Zeit zu lassen, den Spaß da zu haben, wo er hingehört: In der Freizeit. Und Arbeit ist Arbeit. Da geht es um Fleiß, Ausdauer, Disziplin und Leistung, alles Dinge, die Spaß nicht unbedingt fördern und ihn häufig sogar ausschließen und verhindern. So darf Spaß weder Kriterium noch Messlatte sein für gute Leistungen und qualitativ hochwertige Ergebnisse. »Spaß ist kein zentrales Merkmal von Arbeitsprozessen«, bringt es der Organisationssoziologe Stefan Kühl in einem Interview der Zeitschrift *brand eins* auf den Punkt, und niemand, der in seinem Leben schon einmal gearbeitet hat, wie vielseitig und anspruchsvoll die Arbeit selbst auch immer gewesen sein mag, wird ihm widersprechen. Spaß, Glücksmomente und persönliches Erfülltsein sind nicht mehr als ein angenehmer Nebeneffekt, der sich manchmal einstellt. Sie machen die Arbeit erträglicher und steigern das Interesse. Aber mehr nicht.

Spaß als wesentliches Merkmal der Arbeit zu versprechen, hat tief greifende Folgen: Jeder Unternehmer, der das tut, züchtet Ansprüche, Wünsche und Bedürfnisse heran, die er nicht erfüllen kann und die früher oder später empfindlich mit den wirtschaftlichen Interessen, die er als Unternehmer wahrzunehmen hat, kollidieren.

Schluss mit lustig

Dass es sich mit dem Wunsch, Spaß zu haben, schwieriger darstellt als manch einer glauben mag, zeigt ein Blick in die Welt der Freizeit, Entspannung und Zerstreuung, wo der Spaß bisher gut aufgehoben war. Jeder weiß, wie mühsam sich das Bestreben nach Spaß darstellt: Eine erlebnisreiche und spaßige Freizeit erfordert jede Menge Aufwand und nicht zuletzt einen guten Willen und selbst das ist noch lange kein Garant dafür, dass das mühsam inszenierte Erlebnis auch hält, was es verspricht. Will trotz des ganzen Aufwands keine rechte Freude aufkommen, geht die Sache nicht selten auch noch nach hinten los. Enttäuschung macht sich breit.

Was sich in der Freizeit schon dermaßen vertrackt darstellt, kann im Arbeitsalltag erst recht nicht gut gehen. Spaß ist schließlich keine rationale Größe wie Leistung oder Ausdauer, sondern eine subjektive Empfindung. Wer nach ihm verlangt, will bei sich selbst einen bestimmten Zustand, ein Gefühl auslösen, was die ganze Sache nicht leichter macht. Gerhard Schulze, Professor der Soziologie und Autor der *Erlebnisgesellschaft* erklärt es so: »Ob ein Auto fährt (außenverankertes Ziel) können alle beurteilen, ob man dabei ein schönes Fahrgefühl hat (innenverankertes Ziel), muss jeder für sich entscheiden.« Überträgt man dieses Beispiel auf die Arbeitswelt, ist unschwer zu erkennen, in welch wahnwitzige Rolle sich die Unternehmen mit ihrem Spaßbekenntnis manövrieren. Es wird zu ihrer Pflicht als Entertainer, die Arbeitsumstände und Inhalte so zu verpacken und zu arrangieren, dass beim Mitarbeiter Spaß aufkommt, wobei sie sich ständig in die Gefahr begeben, dieses Ziel haarscharf zu verfehlen.

Statt seine Zeit mit der schwer kalkulierbaren Produktion möglichst spaßauslösender Arbeitsumstände und -inhalte zu vergeuden, tut der Unternehmer gut daran, die bereits spaßunterspülten, ernsthaften Pflöcke der Arbeit wieder aufzurichten. Also Spielregeln zu schaffen und Erwartungen, Aufgaben und Ziele zu definieren, die ausschließlich für die Arbeit selbst gelten. Das heißt auch, jedem Mitarbeiter die Möglichkeit zu geben, das Spiel zu verlassen und sich ins Gedächtnis rufen zu dürfen, dass es »nur ein Job« und »bloß ein Spiel« ist. Statt »Spaß an der Arbeit« einzufordern und diesen zur unvermeidbaren Voraussetzung für hochwertige Leistung zu erklären, wie es heute immer öfter der Fall ist, wenn die Ressource Mensch in den Mittelpunkt rückt, sollte man es dem Arbeitnehmer selbst überlassen, ob Spaß bei der Arbeit aufkommt.

Im Büro leben, zu Hause arbeiten

Dienst ist Dienst und Schnaps ist Schnaps.

Work-Life-Balance: Die Mischung macht's

Den meisten Unternehmern ist die Verschiebung der Grenzen zwischen Freizeit und Arbeit auf Kosten der Freizeit nicht entgangen. Es mehrten sich die Klagen der Mitarbeiter über zu viel Arbeit und zu wenig Ausgleich, der Wunsch nach Entspannung wurde laut, kamen viele in den kargen Stunden der freien Verfügung doch gerade mal dazu, ihre Hemden oder Blusen in die Reinigung zu schleppen, die Post durchzusehen, den Kühlschrank aufzufüllen und sich nach dem Lieblingstier ihrer Kinder zu erkundigen. Die Ressource Mensch, auf die diese Wissensökonomie heute so angewiesen ist, stellt sich, verglichen mit den Maschinen und Produkten der Industriegesellschaft der vergangenen Jahrzehnte, als ziemlich dünnhäutig heraus, und so setzt sich die Einsicht durch, dass ein erfülltes Privatleben letzten Endes durchaus der Produktivität zugute kommt. Zu oft haben groß angelegte Studien es den Unternehmen auf Punkt und Komma genau unter die Nase gerieben: Das »Humankapital« braucht Auszeiten, Ablenkung und Erholung, um überhaupt produktiv und leistungsfähig zu sein.

Mancher Chef bekam es in den letzten Jahren immer öfter mit leistungsschwachen, mental und körperlich angeschlagenen Arbeitnehmern zu tun, die über kurz oder lang das Handtuch schmissen. Doch statt ein exklusives Therapiecenter für Burn-Out-Opfer aufzusuchen oder sich in die Obhut einer psychosomatischen Klinik zu begeben, endete ihr Weg immer öfter vor den Türen eines jener Unternehmen, die außer der Arbeit selbst auch noch Entlastung und Ausgleich versprechen. Spätestens an diesem Punkt erkennt auch der Letzte die Brisanz des Themas und erklärt es nicht selten über Nacht zur Chefsache: Ab nun werde man alles tun, damit sich der Mitarbeiter wohl fühlt, es sei überhaupt ein Ding der Unmöglichkeit, dass vor lauter Arbeit keine Zeit zum Leben bleibe.

Wunderbar, könnte man meinen, ein hervorragender Ansatz: Die richtige Gewichtung würde endlich wieder für die längst überfällige Trennung von Arbeit und Freizeit, Ernst und Spaß und zielgerichteter Konzentration und süßem Nichtstun sorgen. Doch wer sich hier vorschnell zuversichtlich zeigt, wird enttäuscht. Auch wenn das Problem erkannt ist, deuten die zu seiner Lösung mobilisierten Mittel und eingeschlagenen Wege in eine andere Richtung, als man denken mag. Statt sorgsamer Trennung lautet nämlich die Devise: Vermischung. Ein Name für diese Programm, das den Ausgleich zwischen dem privaten Leben und den Anforderungen der Arbeit propagiert, ist auch schon gefunden: Work-Life-Balance. Wem das zu lang ist, der spricht ganz souverän von »WLB«.

Dahinter steckt folgende Überlegung: Immer mehr Mitarbeiter würden zwischen Arbeit und Freizeit zermürbt und zerrieben. Besonders Menschen mit Familien und hier insbesondere Frauen, die nach wie vor mehrheitlich für deren Organisation zuständig sind, müssen daher genügend Freiraum bereitgestellt bekommen, um Beruf und Privatleben optimal zu koordinieren. Dass dieser Mangel an Freiraum darauf beruht, dass Privatleben und Arbeit ihren früher gewährten, sie trennenden »Sicherheitsabstand« aufgegeben haben und immer näher zusammenrücken, wird dabei selbstverständlich ausgeklammert. Die alte Schranke zwischen Arbeit und Freizeit ist gefallen, einmal gezogene Grenzen sind durchlässig geworden, doch statt die beiden Bereiche wieder säuberlich zu trennen, wird ihre innige Verschmelzung und vollkommene Symbiose als die Lösung aller Probleme angepriesen. Und so machen sich immer mehr Unternehmen an die Arbeit, die »zermürbenden« Reibungspunkte soweit abzuschmirgeln, bis Arbeit und Freizeit als harmonische Einheit nicht mehr voneinander zu unterscheiden, geschweige denn zu trennen sind: Das ganze Leben ist Arbeit und umgekehrt.

Ein Paradebeispiel der Devise »Durchmischung statt Trennung« ist das jüngst von Sabine Asgodom herausgegebene Buch *Leben macht die Arbeit süß*, das Lebens- und Arbeitsmodelle von Menschen präsentiert, die »nicht mehr bereit sind, ihr Leben der Arbeit zu opfern«. Statt der so unmenschlichen und fürchterlich rationalen Trennung wird zum freundschaftlichen Versöhnungsfest zwischen Arbeit und Freizeit geladen: »Vielleicht können wir den Widerspruch lösen, wenn wir nicht länger Arbeitszeit als Fron und Freizeit als Leben gegeneinander abgrenzen, beziehungsweise einen Weg finden, beides miteinander zu versöhnen. Wer Erfüllung, Sinn und Berufung in seiner Arbeit findet, wird diese Balance sicher besser hinbekommen als der, der nach einem schrecklichen Tag wenigstens noch mal kurz am Leben ›schnuppern‹ will.« Damit die wertvolle Human Resource nicht nur in den wenigen Stunden des tristen Alltags an der abgestandenen Luft der Freizeit »schnuppern« muss, wird sie mit großem Gebläse gleich massenhaft in die Firmenräume geblasen und dankbar als frischer Wind in Empfang genommen.

Arbeit wird Leben

Wirft man heute einen Blick in Unternehmensbroschüren, könnte man meinen, es handle sich um Prospekte der All-Inclusive-Dienstleistungspakete für Beauty-Spaß, Freizeitparks und Animationsurlaube: Vom Wohlbefinden der Mitarbeiter, einem angenehmen Aufenthalt und ganz viel Spaß ist die Rede. Um die Arbeit selbst geht es dabei immer weniger.

Das Erlebnisrepertoire scheint schier endlos und hat über die unternehmerische Wohngemeinschaft des Start-up mit obligatorischem Kicker und Flohmarktsofa im Pausenraum hinaus längst in den großen Firmenzentralen Einzug gehalten. Wer als Unternehmer in puncto Mitarbeitersuche und -bindung die Nase vorn haben will, lässt sich hier nicht lumpen. Selbst Traditionsunternehmen verwandeln ihren gewöhnlichen Empfangstresen in eine Cappuccinolounge, ordern Fengshui-Berater und verpassen der altgedienten Eingangshalle einen grellorangen Anstrich, die Farbe der Freundlichkeit, wie die Innenarchitektin erklärt.

In den Gängen der Unternehmen wimmelt es von Krankengymnasten, Heilpraktikern und Masseuren. Saunen, Relaxzonen, Fitnesscenter oder Tai-Chi auf der Dachterrasse sorgen für Erholung. Das kostenlose Motto-Buffet (»diese Woche Indonesisch«), warme Croissants und exotisches Obst zum Frühstück und die Cappuccinotheke mit original italienischer Besetzung versprechen Verpflegung mit Genuss und Niveau und lassen selbst den Gourmet auf seine Kosten kommen. Auch für die reibungslose Alltagsorganisation ist gesorgt:

Miniläden mit Reinigungsservice, Express-Fotoentwicklungsdienste, kostenlose Steuerberater oder Bankfilialen im Unternehmenskomplex versprechen kurze Wege, weniger Alltagskram und mehr Zeit für die wirklich wichtigen Dinge im Leben – im besten Fall die Arbeit selbst. Nicht zu vergessen das Unterhaltungsprogramm: Live-Musik (an der Gitarre der Chef als bekennender Eric-Clapton-Fan), Karaokepartys mit Ballermanneffekt, Firmenfeiern in Marrakesch oder der extra eingeflogene Gospelchor lassen keine Wünsche offen. Und auch in den spärlichen Stunden der freien Verfügung muss keiner mehr auf Animation und Zerstreuung verzichten: Hier hat man die Wahl zwischen Wanderausflug, Opernbesuch oder einem Snowboardwochenende im Kreis der zu Freunden gewordenen Kollegen, und wen es nach mehr Abstand und Distanz verlangt, der fährt zum Relaxen nach Mallorca – selbstverständlich in die firmeneigene Finca. Unter der Woche fällt man beim Japaner zum »Socialising« ein, und da man sich so schwer voneinander trennen kann, geht es nach dem Essen zur Afterworkparty. Hier ist man unter seinesgleichen, womit auch das leidige Problem mit dem Gesprächsstoff gelöst wäre. Wem trotz des lückenlosen Programms noch Zeit bleiben sollte, kann für das kostenlose Tuning seiner unternehmerischen Persönlichkeit aus einem Sammelsurium an Mitarbeiterschulungen, Weiterbildungen und persönlichen Motivationstrainern wählen oder sich im Dienste der Teamarbeit zum Klettern oder blanken Überleben in die wilde Natur begeben.

Leben wird Arbeit

Die moderne Arbeitswelt versucht auf diese Weise die Probleme zu lösen, die sie selbst verschuldet hat. Anders gesagt: Die Unternehmen bekennen sich schuldig an den Wunden, die sie verursachen – zu wenig Entlastung, Abwechslung und Ausgleich – und geloben Besserung. Sie versprechen Heilung und machen sich zugleich frei von der Notwendigkeit, die von ihnen propagierte Arbeitsauffassung kritisch zu hinterfragen oder gar etwas ändern zu müssen. So wird eifrig an den Symptomen herumgedoktert, in der Hoffnung, dass sie schnell verschwinden werden und der frisch kurierte Mitarbeiter schon bald wieder ganz in seiner Arbeit aufgehen kann. Übrig bleibt von dieser Art Schadensbegrenzung häufig nicht mehr als vom besagten Tropfen auf den heißen Stein. Denn auch für die Welt der Arbeit gelten die gleichen Grundsätze, wie sie in der Medizin, Ökologie oder in Partnerschaften wirksam sind: Entweder man dringt zu den Ursachen vor und ändert die Bedingungen, oder man kaschiert kosmetisch die auftretenden Symptome an der Oberfläche.

Der erste Schritt zur Besserung der Unternehmen besteht im Abschied von dem absurden Glauben, die »Versöhnung« von Arbeit und Freizeit werde es schon richten. An Stelle des verzweifelten Bemühens, Arbeit und Freizeit unter einen Hut zu bringen, sollte sich die Einsicht durchsetzen, dass es sich um zwei unterschiedliche Lebensbereiche handelt. An diesem Tatbestand ist nichts Verdammenswertes. Weder verhindern sich Arbeit und Leben, noch sind sie verfeindet, und so gibt es auch keinen erkennbaren Grund, ihre Versöhnung heraufzubeschwören. Arbeit und Leben sind erst einmal Gegensätze, die sich ergänzen und einander Kontur verleihen. Das eine macht das andere erst möglich, interessant und reizvoll. Ohne Arbeit gibt es keine Freizeit, ohne Freizeit keine Arbeit.

Wenn also Frau Asgodom schreibt, dass Arbeit Energie kostet und man es sich »gerade deshalb« dabei »so gut gehen lassen soll«, dann kommt das Leben vor und nach der Arbeit nicht mehr vor.

Aber es gibt ein Leben vor der Arbeit und nach der Arbeit und dessen Sinn und Zweck erschöpft sich nicht darin, den Einzelnen wieder »startklar« für die Arbeit zu machen. Gerade um die richtige Balance zwischen Arbeit und dem privaten Leben zu finden, muss man sie voneinander trennen und richtig dosieren. Das private Leben muss wieder als Gegengewicht zu Arbeit rehabilitiert werden. Ein ausgewogenes Verhältnis von Arbeit und Leben erreicht man jedoch kaum, indem man das Leben noch großzügig auf die Waagschale der Arbeit mit draufpackt.

Auch wenn die Unternehmen humaner und lebensnaher geworden sind, besteht kein Anlass, die mütterliche Versorgung ihrer Mitarbeiter und die fürsorgliche Planung ihres gewöhnlichen Lebens gleich auch noch in die Hände der Firma zu geben: »Ein so fundamentaler menschlicher Anspruch wie der auf Lebensgestaltung kann nicht als Unternehmensaufgabe vereinnahmt werden,« schreibt die

Schweizer Ökonomin, Psychotherapeutin und Beraterin Betty Zucker und fragt weiter: »Lauert hinter dem schönen Gedanken der Work-Life-Balance der Anspruch des Unternehmens, auf der Großbaustelle Leben alles, auch noch den Aufstrich des Frühstücksbrots zu definieren?«

Die als Leben verkleidete Arbeit entpuppt sich als Macht mit einem totalitären Anspruch: Sie fordert die Autonomie und Verantwortung des Einzelnen bei seiner Arbeit und beschneidet gleichzeitig seine Selbstständigkeit im privaten Leben. Nicht mehr die Arbeit wird delegiert und von dem Mitarbeiter portionsgerecht in Empfang genommen, sondern umgekehrt die Freizeit.

Die Teile des privaten Lebens, die noch nicht von der Versorgungsmaschine Firma in Beschlag genommen wurden, können da nur noch schwerlich mithalten. Seiner Aufgabe des Ausgleichs beraubt, sammeln sich im privaten Rest nun die lästigen Aufgaben, tagtäglichen Pflichten und öde Routine, die man zuvor der Arbeit zugeschrieben hatte. Hans J. Pongratz und G. Günther Voß sprechen in ihrem Aufsatz »Der Arbeitskraftunternehmer« von einer »Verbetrieblichung der Lebensführung, indem »potentiell der gesamte Lebenszusammenhang der Arbeitskraft für die betriebliche Nutzung zugänglich gemacht« wird. Und ergänzen mit Blick auf die Analyse eines Work-Life-Balance-Programms von Arlie Hochschild: »Vor allem erwerbstätige Eltern haben oft den Eindruck, dass die Organisation des Familienlebens harte Arbeit ist, die sie ›auf quasi industrielle Weise‹ rationeller zu gestalten versuchen.« Das private Leben wird durchökonomisiert und nun ganz nach wirtschaftlichen und rationalen Kriterien in Angriff genommen. Die Verabredung wird zum Termin, die Familienfeier gemanagt und die Freunde werden abgefertigt wie ehedem lästige Kunden.

Der Begriff des »Lebensunternehmers« als Sammelbegriff für »die Menschen, die sich für ihr eigenes Leben als Unternehmer verantwortlich fühlen«, wie Christian Lutz in *Leben und Arbeit in Zukunft* beschreibt, zeigt sich hier von seiner Schattenseite. Arbeit und Leben tauschen die Rollen und verdrehen damit Mittel und Zweck: Je mehr sich die Arbeit zum Leben erklärt, desto mehr wird das Leben zu Arbeit. »Was früher faktisch nur für Leute galt, die ganz nach oben kommen wollten, gilt heute bis in niedrige Kader (…). Für sie ist das

Büro das wahre Zuhause und das Heim wird zum Arbeitsplatz. Am sozial durchgestylten Arbeitsplatz locken angenehme Atmosphäre und Belohnungen, zu Hause warten nur Krach, Spannungen und Schuldgefühle«, schreibt Arlie Hochschild in *The Time Bind*.

Arbeit ist Arbeit

Vorgesetzte und Unternehmer sind nicht dafür zuständig, ihre Mitarbeiter mit Animation, Entlastung und Entertainment am Laufen zu halten. Es gibt außerhalb der Firmenmauern genug Masseure, Saunen, Karaokebars und Animateure, die sich der Entspannung oder Zerstreuung verschrieben haben. Ihre Arbeit machen sie gut, damit verdienen sie ihr Brot.

Irgendwann wiegen der aufgedrehte Italiener hinter der Theke der Cappuccinobar, der schwitzende Projektleiter als Nachbar in der Sauna und das Kickerturnier mit den im firmeninternen Fitnesstudio gestählten Kollegen das lang ersehnte, unspektakuläre Wochenende mit Freunden oder Familie und ohne Programm nicht mehr auf. Wenn Freizeit und Unterhaltung unbedingt auf dem Programm stehen müssen, dann bitte da, wo sie Sinn machen und bitter nötig sind: Statt seine Mitarbeiter mit Freizeitangeboten zu attackieren, sollten die Unternehmen ihre Fürsorglichkeit erst einmal den Kindern ihrer Arbeitnehmer widmen, und zwar ganztags und mit einem lückenlosen und vielfältigen Gratis-Programm. Damit dürfte vor allem der Mehrzahl der Mütter mehr geholfen sein als mit der wöchentlichen Fussreflexzonenmassage und einem reichhaltigen Buffet.

Was die Mitarbeiter betrifft, so kann man getrost davon ausgehen, dass die Mehrheit von ihnen bereits vor ihrem Eintritt in das Unternehmen durchaus ein Leben hatte, möglicherweise sogar über einen beachtlichen Freundeskreis oder eine intakte Familie verfügt und ausreichend mit emotionalen Streicheleinheiten und entspannender Unterhaltung versorgt ist. Jeder Unternehmer, der seinen Mitarbeitern vertraut, sollte ihnen auch zutrauen, dass sie eigenständig für Erlebnis, Entspannung und Abwechslung in ihrem Leben sorgen können. Und dazu sollen sie auch weiter kommen. Denn eines haben die gemeinschaftliche Karaokeparty, der Yogakurs, das Kickerturnier und der Smalltalk in der Cappuccinolounge gemeinsam: Sie kosten Zeit, und es gibt manch einen, der davon gerne mehr außerhalb des Firmenkosmos verbringen würde.

Damit ist auch dem Unternehmer geholfen: Wer seinen Mitarbeitern genug Zeit für ihr Privatleben lässt und es ihnen überlässt, dort für ausreichend Entspannung und Ausgleich zu sorgen, kann endlich wieder – mit gutem Gewissen und ohne schamhafte Verrenkungen – das von ihnen verlangen, wofür er sie eingestellt hat: Dass sie ihre Aufgaben erledigen und die von ihnen geforderte Leistung bringen.

Intimsphäre Büro

Wer Kollegen hat, braucht keine Feinde.

Aus den Sitzungssälen, Versicherungsabteilungen und Agenturlofts strömt ein von Intimität durchtränktes Klima. Der Ton ist freundschaftlich, der Umgang persönlich. Da, wo man tagtäglich zusammenarbeitet, hat das »Du« dem »Sie« schon lange den Rang abgelaufen. Man siezt sich allenfalls zu Beginn; ist man sich ein paar Mal beruflich über den Weg gelaufen, macht sich das Du breit. Bei Ikea, SAP, Hennes & Mauritz oder Nokia kommt es erst gar nicht so weit. Hier duzt jeder jeden und vom ersten Tag an, wie von oberster Stelle verordnet.

Die Frage nach Frau und Kinder oder das unaufdringliche Erkundigen nach dem allgemeinen Befinden reichen als etablierte Floskeln des formellen Umgangs im Berufsleben längst nicht mehr aus. Heute wird nach ehrlichen Antworten verlangt, nach Persönlichkeit. Alles andere ist nicht authentisch, nur Fassade. Die ist nicht mehr gefragt, seit es um den ganzen Mensch geht und nicht mehr um eine austauschbare Arbeitskraft. Vorbei sind die Zeiten, in denen die Unternehmen kühle und anonyme Apparate waren, man sein Privatleben an der Eingangshalle abgeben musste, von Kollegen nicht einmal den Vornamen kannte und sich der persönliche Gedankenaustausch auf die alljährliche Betriebsfeier beschränkte. Heute sieht es anders aus. Man kennt sich, man versteht sich, man kommt sich nah. Geschäftliches mischt sich mit Privatem, Privates wird geschäftlich. Beim Bier in der Kneipe wird über den Job gefachsimpelt und im Büro Anekdoten aus der Kneipe zum Besten gegeben.

Das Befindlichkeitsbüro hat seinen Siegeszug angetreten. Das Persönliche und Menschliche, das ursprünglich in den eigenen vier Wänden, in persönlichen Beziehungen und in der Freizeit seinen Platz hatte, wird zum Ausweis einer lobenswerten Unternehmenskultur: »Verhaltensweisen und Fragestellungen, die unpersönlich sind, erwecken keine große Leidenschaft, sie erwecken erst dann Leidenschaft, wenn die Menschen fälschlich mit ihnen umgehen, als handele es sich um etwas Persönliches. Dieses Problem von Öffentlichkeit erzeugt innerhalb des Privatlebens ein weiteres Problem. Die

Welt der Empfindungen verliert alle Grenzen; sie wird nicht mehr von einer öffentlichen Welt begrenzt, die eine Art Gegengewicht zur Intimität darstellen würde.« Für die hier von Richard Sennett in *Tyrannei der Intimität* beschriebene Auflösung der Grenzen zwischen Privatheit und Öffentlichkeit ist das intime Klima vieler Unternehmen ein Paradebeispiel. Der Arbeitsalltag, ursprünglich der Welt des öffentlichen Lebens und als Gegenwelt des Privaten zu verorten, ist zum Sumpf persönlicher und intimer Sichtweisen verkommen.

Bei einem Arbeitsalltag irgendwo zwischen Stammtisch, Nabelschau und persönlicher Selbstauskunft erfährt der Mitarbeiter allerhand. Ob er will oder nicht: Er weiß um die körperlichen Zipperlein seines Kollegen und warum dieser jeden Morgen auf einem eigens für ihn beschafften Gummiball aus dem Sanitärhandel Platz nimmt. Er ist über die leichte Reizbarkeit der Kollegin in den Phasen des zunehmendes Mondes informiert und über die Alkoholprobleme des Personalbeauftragten im Bilde. Er könnte jederzeit und ohne zu zögern mindestens fünf Paare kompromittieren, die sich auf dem Agenturmeeting, der Afterworkparty oder der Weihnachtsfeier beim Seitensprung näher gekommen sind. Inklusive allerhand delikater sexueller Details. Er hat den Jungmanager beim Team-Training in der Wildnis Rotz und Wasser heulen sehen, als er über einen Baumstamm balancieren musste, und kann am Tonfall erkennen, wenn sein Kollege mit seiner Angetrauten telefoniert. Er kennt die Vorliebe des labilen IT-Technikers für erotische Websiten und hat mit Recht ein ungutes Gefühl, als sich sein Vorgesetzter Literatur mit Titeln wie *Kündigen mit Stil* an die Firmenadresse liefern lässt.

Es ist eng und privat geworden in den Unternehmensgängen, Business-Units und Profit-Centern, und die Fluchtwege sind rar gesät. Wer die Teilnahme am wöchentlichen Firmenausflug zum Japaner verweigert, sich bei der spontanen Entwicklung neuer Visionen in der Kaffeeküche zurückhält, die Mittagspause allein auf der Parkbank statt beim Italiener um die Ecke verbringt und sich vorzeitig vom Sektumtrunk für den frisch gebackenen Papa im Kollegenkreis verabschiedet, verliert früher oder später den Anschluss. Er kann nicht mehr mitreden, außer bei Fragen zur Arbeit selbst, aber um die geht es meist nur am Rande.

Kurzum: Wer seine Stimme nur bei fachlichen Fragen erhebt und

es nicht für nötig erachtet, sich darüber hinaus auch noch als Privatmensch einzubringen, handelt sich schnell den Ruf einer unterkühl-
ten Spaßbremse ein, ohne jemals unfreundlich oder unkollegial gewesen zu sein. Der, über den man nichts Privates weiß, gilt schnell
als suspekt und komischer Kauz: »Über den weiß ich gar nichts, der
erzählt auch nie was von sich, der kommt ja auch nie mit.« Man wird
ihn noch ein paarmal fragen, ob er dem kollektiven Zusammensein
außerhalb der Geschäftszeiten beiwohnen will, und versuchen, ihm
ein paar private Details zu entlocken. Irgendwann aber wird er zum
hoffnungslosen Fall erklärt, als uninteressanter Gesprächspartner
abgestempelt und einfach nicht mehr gefragt.

Auch der in vielen Unternehmen heutzutage angeschlagene Ton
hat eine eigentümlich weiche und persönliche Note angenommen.
Die harte und so unmenschliche Wirtschaftssprache hat man abge-
legt und mit einem bizarren Mix aus Esoterik und Psychoseminar
aufgeladen: Man sucht den anregenden Dialog, bittet um offenes
und konstruktives Feedback und verteidigt das integrative Vorgehen. Statt Pläne umzusetzen, werden angedachte Strategien verwirklicht, unbequeme Dispute und Unstimmigkeiten im direkten
Konfliktmanagement bereinigt oder per Psychodrama aus der Welt
geräumt. Der Vorgesetzte ist dann auch nicht mehr länger Boss und
Chef, sondern richtet sich in seiner neuen Rolle als unterstützender
Coach und Mediator, motivierender Leader und fördernder Mentor
ein. Es scheint nur noch eine Frage der Zeit, bis auch ein deutscher
Herrenausstatter diesen Trend erkennt und statt des unkollegialen
BOSS ein politisch korrektes COACH auf dem Innenfutter des Ja-
cketts prangt.

Das Denver-Clan-Prinzip

Die alten Statussymbole, Macht-Inszenierungen und Rituale haben
sich überlebt, ihr Sinn hat sich mehr und mehr verflüchtigt. Klare
Strukturen und Verbindlichkeiten wie etwa Hierarchien, die vor-
schreiben, wie man miteinander in Kontakt tritt und wer wo steht,
brechen weg. Wo der Chef sich vom eigenen Büro mit Vorzimmer
verabschiedet hat und im Großraumbüro Platz nimmt, sich vom

Praktikanten das »Du« anbieten lässt und der Projektleiter mit einem dickeren Wagen als sein Vorgesetzter aufkreuzt, da ist es nur schwierig auszumachen, welches Verhalten gegenüber wem »angemessen« ist.

Übrig bleibt ein Vakuum, das zügig mit persönlichen Ansichten und Umgangsformen aufgefüllt wird. Das menschliche Klima wird hochgehalten wie eine Trophäe, hat es die kalte, rationale und unpersönliche Arbeitswelt doch endlich aus den Firmengängen vertrieben und allen gezeigt, wie »locker« man miteinander arbeiten kann.

Das Unternehmen droht zur Wohngemeinschaft zu verkommen, in der sich persönliche Ansichten mit Projektzielen und private Anekdoten mit Arbeitsinhalten vermengen. Wenn die »Chemie stimmt«, man einen »persönlichen Draht« zueinander hat und »auf der gleichen Wellenlänge« ist, ergibt sich die Kommunikation ganz von allein. Kommuniziert wird in freier Wildbahn: Jeder spricht frei aus, was ihm gerade durch den Kopf geht, ruhig auch mal gleichzeitig mit mehreren. Schweigen ist Gold – das war einmal. Die berüchtigten Soft Skills wie Kontaktstärke und Kommunikationsfreude tun ihr Übriges. So hat eine Studie des Instituts für Arbeitswissenschaft an der Universität Kassel gezeigt, dass die viel geforderten sozialen Fähigkeiten mitunter negative Auswirkungen auf die Kompetenzentwicklung der Mitarbeiter haben. Es bestehe die Gefahr, dass übermäßig rege soziale und kommunikative Gruppen zum »Kaffeekränzchen« und »Stammtisch« ausarten, in denen »mit viel aktivem Zuhören, Kopfnicken, Zustimmen, persönlicher Ermunterung und Anerkennung füreinander emphatisch und verständnisvoll am Thema vorbei diskutiert wird«. Für Professor Oswald Neuberger von der Universität Augsburg ist die saloppe Du-Kultur »ein Mittel zum Zweck, weil man erkannt hat, dass Angestellte, die sich bei der Arbeit wohl fühlen, mehr leisten. Dies ist vergleichbar mit der ›Glückliche-Kühe-geben-mehr-Milch-These‹.«

Dabei ist es verlorene Liebesmühe, an einem harmonischen Klima zu basteln, um den reibungslosen Auflauf der zwischenmenschlichen Prozesse zu gewährleisten. Widerstände, Reibungsflächen und Konflikte ergeben sich naturgemäß aus jeder Form der konzentrierten Zusammenarbeit und aus der Ungleicheit von Unternehmern und Angestellten, die ja nach wie vor vorhanden ist. Daraus resultieren unweigerlich Störungen, die den Arbeitsprozess und die Qualität der Leistungen beeinflussen und die jeder Unternehmer nur allzu gern ausmerzen würde, wenn er nur könnte. Doch ein privat gefärbtes Arbeitsklima zur Grundlage der Zusammenarbeit zu erklären, stellt sich nicht selten als ziemlich wackelig heraus: Erst einmal lässt man Kritik und Konflikte noch zum Schutze der harmonischen Stimmung unter den Tisch fallen. Der Unternehmensberater Klaus Grefe spricht von einer »oberflächlichen Du-Kultur, in der sich keiner mehr die unangenehmen Dinge sagen mag«. Spätestens aber, wenn sich Konflikte nicht mehr vermeiden lassen und die Stimmung kippt, ist von der vertrauten Idylle nicht mehr allzu viel zu spüren. Der Ton aber bleibt weiterhin privat und so wird auch jetzt kein Blatt vor den Mund genommen. Was zuvor auf die eigenen vier Wände beschränkt war, bekommt man jetzt auch im Beruf zu spüren. Die ganze Palette der Abgründe des privaten Miteinander: Dramatische Gefühlsausbrüche, gekränkte Eitelkeiten, missbrauchtes Vertrauen, Cliquenwirtschaft und Intrigen. Dabei gilt, je privater das Klima, desto größer die Angriffsfläche, auch schon mal unter der Gürtellinie. Selbst das eilig herbeigerufene Konfliktmanagement kann da nicht mehr viel ausrichten.

Schuld an solchen Metzeleien ist das Fehlen von verbindlichen Vorgaben, an denen man sich orientiert und die festlegen, wie man miteinander umgeht. Formelle Verhaltensformen und Rituale gelten in vielen Unternehmen als überholt und werden vorschnell als altbacken verurteilt oder süffisant lächelnd als Einschränkung der Persönlichkeit abgelehnt.

Richard Sennett schreibt: »Die Formen der Authentizität verwischen die Unterscheidung zwischen öffentlich und privat. Der Gedanke, Humanität könnte darin bestehen, die Gefühle, die einen anderen verletzen könnten, für sich zu behalten, Zügelung und Zurückhaltung des Selbst könnten moralisch expressiv sein, verliert unter der Vorherrschaft der Authentizität seinen Sinn. Stattdessen wird Selbst-Enthüllung zum universellen Maßstab von Glaubwürdigkeit und Wahrheit.«

Der Gedanke, zu einem konstruktiven Umgang miteinander zu kommen, indem man das Persönliche ausklammert, wird erst gar nicht erwogen, obwohl er so nahe liegt: Wie Stefan Kühl gezeigt hat,

ist ein Unternehmen, und hier unterscheidet es sich von Freundeskreis und Familie, nicht auf die »wahren Gefühle« der Mitarbeiter
angewiesen. Es verfügt über anderweitige strukturelle und organisa-
torische Integrationsmechanismen, die es von dem Persönlichen frei-
machen und erlauben, darauf zu verzichten. Wenn jemand zu Hause, in der Kneipe oder beim gemeinsamen Urlaub als Privatmensch
mundfaul ist, einen lustlosen Eindruck hinterlässt und nicht viel zur
Unterhaltung und zum Wohlbefinden seiner Mitmenschen beisteu-
ert, macht er sich über kurz oder lang unbeliebt, weil sein Verhalten
dem Zweck – dem geselligen Beisammensein – nicht besonders dien-
lich ist. Anders verhält es sich in einem Unternehmen, das durch verbindliche Strukturen, Regeln und Umgangsformen wenig Platz für
die Ausbreitung solcher Eigenschaften und Fähigkeiten lässt.

Anstatt den Arbeitsalltag zum Spielfeld individueller Fähigkeiten
oder Mängel zu erklären, muss er kontinuierlich vor diesen geschützt werden. »Wir haben, nach dem Wegfall unbequemer und
›verzopfter‹ Konventionen und Rituale, nicht recht gelernt, die Grenzen zu anderen selbst zu bestimmen und uns eigene Grenzen zu setzen. Wir überschreiten sie leichtfertig und sind immer wieder ver-
letzt, dass uns andere zu nahe getreten sind«, schreibt Claus Legge-
wie in *Regelwerke für einen zivilisierten Umgang* und ergänzt: »In einer
›Kommunikationsgesellschaft‹ muss man wohl als Erstes wieder Regeln des Gesprächs finden. Keine Talkshows, aber auch kein durch-
schnittliches Seminar an einer deutschen Universität, wo der Begriff
des Diskurses inflationär benutzt wird, übt solchen Umgang mit
kommunikativen Regeln wirklich ein.«

Der Aufruf, seine emotionalen Ressourcen auszubuddeln und für
den Profit der Firma bis aufs Letzte auszuschlachten, ist weder von
Seiten des Unternehmers noch von Seiten der Mitarbeiter erforderlich.
Zwischen böse und gut, kühl und nah, menschlich und unpersönlich
oder gar unmenschlich liegt immer noch das Sachliche und Neutrale,
sozusagen der Nullwert: Der standardisierte Umgang, die distanzierte
Höflichkeit und der fachspezifische Austausch, auf den sich das Miteinander während der Geschäftszeiten beschränkt. Ein verbindlicher
Verhaltenskodex, der es einem erlaubt, sich nicht zu nahe zu kommen
und seine ganze Person offenbaren zu müssen, bietet dem dynamischen Getue ebenso wie diktatorischen Allüren Einhalt.

Die Befürchtung, dass verbindliche Kommunikationsformen die Inhalte beschneiden und vereinheitlichen würden, ist unbegründet, da es weder um Dünkel noch um Drill geht und zwischen dem »Was« und dem »Wie« einer Äußerung unbedingt zu unterscheiden ist. Dem Mitarbeiter bleibt, auch wenn dieser nun höflich und bestimmt dazu aufgefordert wird, der gleiche Raum, seine Ideen und unangepassten Gedanken zu äußern, wie zuvor auch. Es geht nicht darum, den Mitarbeiter zurechtzustutzen und seine Persönlichkeit zu beschneiden.

Alles nur Fassade – endlich

Auch wenn der Mensch in den Mittelpunkt der Arbeit selbst rückt, ist das noch lange kein Grund, den ganzen Menschen mit all seinen Stärken und Schwächen, seiner persönlichen Vorgeschichte und seinen privaten Vorlieben zu fordern. Das Unternehmen braucht nur sein spezielles Wissen und sein Talent. Privates und Persönliches ist genau so weit von Interesse, wie es für die Qualität der Leistung relevant ist. Anders herum gesagt: Gerade der wachsende Stellenwert des Mitarbeiters als Wissensträger und Ideenlieferant und der damit steigende Bedarf an Kommunikation und Zusammenarbeit machen es nötig, das Private auszuklammern. Nur das bietet dem Mitarbeiter neutrale Schutzräume, die ihm den Rückzug und eine andere Perspektive auf das Unternehmen und die eigene Rolle darin erlauben und so eine distanzierte und vernünftige Sichtweise begünstigen.

Die Arbeitswelt muss wieder deutlich das Gesicht einer Gegenwelt zeigen und ihre eigenen Rituale und Umgangsformen entwickeln. Das bedeutet nicht nur, die Bereiche Arbeit und Privates wenn irgend möglich zeitlich und räumlich voneinander zu trennen, sondern auch das in den beiden Bereichen an den Tag gelegte Verhalten strikt zu differenzieren. Gesten, Themen und Anforderungen, die in der Welt der Freizeit zu Hause sind, gehören nicht in die Arbeitswelt. Dort geht es darum, die Form zu wahren und eigene Formen des Umgangs zu entwickeln, die nicht der Welt des Intimen, Privaten und Vertrauten entliehen sind. Hier greift das Modell von der Arbeit als Spielform. Es erlaubt die klare Trennung zwischen beruflicher Rolle und der eigentlichen Person nicht nur, sondern fordert sie geradezu. Die Trennung von gespielter Rolle und der »eigentlichen Person«, die man außerhalb des Spiels ist und bleibt, ermöglicht oft erst Professionalität: Der freundliche Kassierer oder Projektleiter spielt die Rolle des freundlichen Kassierers oder Projektleiters auch dann, wenn er die Nacht zuvor miserabel geschlafen und seine Frau die Koffer gepackt hat. Die Arbeit zum Spiel zu erklären und in die zugewiesenen Rollen zu schlüpfen, berechtigt zu einer gewissen Gleichgültigkeit gegenüber dem, was man tut. Vom fordernden Mythos der Authentizität befreit ist der Mitarbeiter nicht mehr dazu gezwungen, sich ständig zu fragen: Bin ich wirklich so? Ist es authentisch, wenn ich höflich und freundlich bleibe, obwohl ich betrübt und mies gelaunt bin?

Erst die Distanz zu der beruflichen Rolle, die man spielt – und für dieses Engagement wird man ja auch bezahlt, – erlaubt es, nicht immer gleich alles »persönlich« zu nehmen. So wird dem Befindlichkeitsbüro der Hahn abgedreht, indem ihm seine Grundlagen entzogen werden. Da das Ideal des freundschaftlichen und persönlichen Arbeitsalltags gar nicht erst propagiert wird, avanciert das Thema auch nicht zur Sinnfrage. Nur weil das Arbeitsklima schief hängt, wird kaum ein Mitarbeiter den Glauben an die Arbeit verlieren. Einfach deshalb, weil es ihm nicht so nahe geht. Statt an einem privat gefärbten Arbeitsklima zu basteln, müssen Distanz und Formen bewahrt werden. Sowohl Mitarbeiter wie Vorgesetzte müssen sich auf die ihnen zugewiesenen Rollen besinnen. Sie können ihre Persönlichkeit ja durchaus in ihrer Rolle unterbringen. Vor dem Bestreben nach einer möglichst hohen Deckungsgleichheit zwischen privater Person und beruflicher Rolle mit der Person muss allerdings gewarnt werden. Mut zur Lücke und Abweichungen sind sogar erwünscht.

Nicht jede Zurechtweisung und fachliche Kritik stellt auch den Mitarbeiter als Person in Frage und selbst unwirsche Kunden am Telefon oder ein überspannter Vorgesetzter sind leichter zu ertragen, wenn man endlich wieder denken darf, dass es ja nur ein Job ist. So ist es durchaus erlaubt, mal über den Chef herzuziehen, über den Kunden zu jammern oder einen Kollegen nicht ausstehen zu können, ohne gleich als Querulant in Verdacht zu geraten oder unloyalen Verhaltens bezichtigt zu werden. Das gehört einfach dazu. Psychohygiene nennen die Psychologen so etwas, was so viel bedeutet, dass angestaute Aggressionen und Wut und der Ärger von Zeit zur Zeit rausgeräumt werden müssen, damit danach wieder Sauberkeit und Ordnung im seelischen Betrieb herrschen. Zugleich erschweren verbindliche Formen des Umgangs Missgunst, Intrigen und persönliche Beleidigungen. Sie erzwingen ein Mindestmaß an Fairness und Respekt, indem sie den Befindlichkeiten und Launen Einhalt gebieten.

Diesen Effekt bestätigt auch das Ergebnis einer Leser-Befragung des *Handelsblatts*. Danach sind fast 70 Prozent der Arbeitnehmer und beinahe 80 Prozent des oberen Managements der Überzeugung, dass bereits das Duzen zu viel Nähe schafft. Weiter glauben 60 Prozent, dass sich Konflikte per »Sie« leichter austragen lassen. Und bereits vor einigen Jahren zog ein Abteilungsleiter der Modehauskette Hennes & Mauritz, der nicht geduzt werden wollte, vor Gericht, um gegen das verpflichtende »Du« in dem Unternehmen zu klagen. Das Arbeitsgericht wies die Klage in zweiter Instanz ab.

Im Büro Mair u. a. zum Beispiel sind Vorgesetzte und Kollegen angehalten, sich während der Arbeit zu siezen und mit Nachnamen anzusprechen. Vor Kunden ist dieser Verhaltenskodex verpflichtend. Der Umgangston ist höflich, kollegial und nicht zu privat. Während der Arbeit wird Arbeitskleidung getragen. Die Kleidung bewirkt ein anderes Auftreten und stellt persönliche Vorlieben und Angewohnheiten hinten an. Die Garderobe macht unmissverständlich klar, dass es jetzt um Arbeit geht. Dabei stellt sich über kurz oder lang das ein, was auch den Pawlow'schen Hund auszeichnete: Bereits das Tragen der Arbeitskleidung macht es leichter, bei beruflichen Themen zu bleiben. Umgekehrt sind Themen, die in der Arbeit Bedeutung haben, außerhalb der Geschäftszeiten verpönt.

Ich will so werden, wie ihr seid

Heiße Luft in soften Skills

Also lautet der Beschluss, dass der Mensch was lernen muss.

WILHELM BUSCH

Die Ich-AG auf freier Wildbahn

Unternehmer, Wirtschaftswissenschaftler, Soziologen und Minister verkünden das Ende des Angestelltendaseins; langfristige Beschäftigungen werden rar und bald die Ausnahme sein. Laut einer Delphi-Studie werden in weniger als 20 Jahren bestenfalls noch 40 Prozent der Bevölkerung in einem festen Erwerbsverhältnis tätig sein. An seine Stelle treten kurzfristige Arbeitsverhältnisse, Telearbeit, Leiharbeit, befristete Verträge, Teilzeitarbeit oder temporäre Projektarbeit. Jeder bleibt nur noch genau so lange bei einem Unternehmen, wie er dort auch gebraucht wird. Beschäftigt wird nach Bedarf. Das dazugehörige Stichwort lautet »Employalbility«, das heißt einzig Einsatzfähigeit entscheidet über die berufliche Laufbahn. Der konkrete und unmittelbare Bedarf des Marktes bestimmt die wirtschaftliche Verwendbarkeit eines Menschen und das nicht nur einmal, sondern immer wieder aufs Neue.

Anders gesagt: Die Phase beruflicher Veränderungen beschränkt sich in Zukunft nicht mehr länger auf ein oder zwei markante berufliche Stationen, sondern wird zum Dauerzustand. Beruf und Arbeitgeber werden gut und gerne genauso häufig gewechselt wie der Partner, das Waschmittel oder das Urlaubsziel. Amerika macht es vor, dort wechselt der durchschnittliche Berufstätige in 40 Arbeitsjahren rund elf Mal seinen Job und tauscht drei Mal seine Basiskenntnisse aus. Die geradlinige Berufslaufbahn gehört der Vergangenheit an und verläuft nun kreuz und quer durch oftmals mangelhaft beschilderte

Einbahnstraßen, Sackgassen, Kreisverkehre und Überholspuren. Zugleich schwindet die Gewissheit, in welchem Berufsbild und bei welchem Unternehmen man unterkommt, und selbst derjenige, der eine halbwegs seiner Qualifikation entsprechende Stelle ergattert hat, kann nicht darauf bauen, dass er in ein paar Jahren noch gebraucht wird. Statt der leichtfertigen »Die-Firma-sorgt-für-dich-Haltung« und dem goldenen Dienstjubiläum mit prall gefülltem Feinschmecker-Korb steht »Job-Hopping« auf dem Lebensplan.

Dieser freie und ungezwungene Arbeitsmarkt ist der erklärte Tummelplatz des »unternehmerischen Menschen«. Hier kann er zeigen, was er drauf hat und wie risikobereit und eigenverantwortlich er denn nun wirklich ist. So treibt er souverän und autark munter im Strudel Arbeitsmarkt umher, dockt mal hier an einem Unternehmen an und mal dort, und stellt als Projektarbeiter, Freiberuflicher, Zeitarbeiter oder Tagelöhner seine unternehmerischen Fähigkeiten als Ich-AG und Selfmademan unter Beweis. Management-Koryphäe Charles Handy spricht von ihm als spitzfindigen und wendigem »Floh«, der die großen Konzerne, »die Elefanten« noch das Fürchten lehren wird. Wieder andere loben die Vielseitigkeit und den Erfahrungsreichtum, die dem Arbeitnehmer so zugute kommen, gar nicht erst zu sprechen von den vielfältigen Entwicklungsmöglichkeiten und der damit verbundenen Flexibilität. Sicherheit und Routine gibt es keine mehr. No risk, no work, aber dafür jede Menge Freiheit und Chancen, die nur darauf warten, ergriffen zu werden. »Die Vielfalt der persönlichen Fähigkeiten und Fertigkeiten ersetzt jene Sicherheit, die bislang dem festen Arbeitsplatz zugerechnet wurde«, erklärt uns Gundula Englisch in ihrem Buch *Jobnomaden*.

Auch die Karriereleiter, an der in vergangenen Zeiten kein Weg vorbei führte und die Sprosse für Sprosse emporgeklettert werden musste, wird aus dem Programm genommen. Karriere führt nicht länger nur nach oben, sondern verläuft vertikal, kreuz und quer, rauf und runter. Dort, wo der kontinuierliche Aufstieg nicht mehr vorgezeichnet ist, bleibt auch der berufliche Abstieg eine Option unter vielen. In dem Rotationsmodell der vertikalen Karriere wird er zu einer Station unter vielen. Mit längeren Phasen der Erwerbslosigkeit ist genauso zu rechnen wie mit dem fliegenden Wechsel von Positionen und Gehältern. Man bildet sich um, aus oder weiter, rutscht da rein, fliegt da raus, gibt auf, bleibt dran und fängt immer wieder von vorne an. Wenn Grundschullehrer Blumenläden eröffnen, Bankangestellte ins Konzertmanagement wechseln und Sozialpädagogen sich zu Multimediadesignern umschulen lassen, wird das lebenslange Lernen zum verordneten Lebensmotto und gesellschaftlichen Imperativ. Wer sich auf seinen einmal erworbenen Qualifikationen ausruht und sich nicht ständig weiterentwickelt, an seinen Qualifikationen feilt, Erfahrungen sammelt und sein Wissen erweitert, wird früher oder später disqualifiziert. So wird es heute kaum noch jemanden geben, der zu Beginn seiner Ausbildung dem Glauben aufsitzt, später haargenau in dem »Berufsbild« zu arbeiten, wofür ihn sein Werdegang qualifiziert. Die meisten können sich glücklich schätzen, wenn der einmal angestrebte Beruf nicht aufgrund einer Rundumsanierung völlig andere Aufgaben in sich birgt oder gar für überflüssig erklärt wird.

Das berufliche Auf und Ab und Hin und Her erzeugt den so genannten Patchworker. Die abgegrasten beruflichen Stationen fügen sich zur beruflichen Patchwork-Biografie, dem »Portfolio« zusammen. Ein Teppich aus Fetzen der Erwerbslosigkeit, freiwilliger Arbeit, unbezahlter Arbeit, Projektarbeit, Zeitarbeit, Weiterbildungen und dem Erwerb von Zusatzqualifikationen tritt an die Stelle des chronologischen Lebenslaufs.

Die Startbedingungen der Ich-AGs, die hier mehr oder weniger unsanft auf den freien Markt geschubst werden, sind allerdings recht unterschiedlich. Viele dringen erst gar nicht zum Wettbewerb rund um die begehrten Arbeitsplätze durch. Ihr zusammengezimmertes Portfolio überzeugt nicht. Sie bleiben weit abgeschlagen auf den hinteren Plätzen und dürfen ihre unternehmerischen Tugenden wie Selbstverantwortung und Risikolust dann zum Beispiel als Servicekraft dem Niedriglohnsektor zur Verfügung stellen.

Die neuen Gesetze der flexiblen Organisation von Markt und Unternehmen werden schnurstracks an den Mitarbeiter durchgereicht und formulieren, kaum bei ihm angekommen, neue Ansprüche an seine Qualifikationen: Er soll sich nun bitte genauso verhalten, wie Markt und Unternehmen es vormachen. Mit fundierten Fachkenntnissen allein ist hier nicht mehr viel auszurichten. Die taugen allenfalls als Fundament und Unterlage. Erst wer diese mit einem Belag von Soft Skills appetitlich garniert darreicht, zeigt sich für die Herausforderungen der neuen Arbeitswelt gewappnet.

Erfolgsfaktor Persönlichkeit

Ein kurzer Blick auf die Stellenanzeigen in Zeitungen, Fachblättern und Internetportalen räumt jeden Zweifel aus dem Weg: Soft Skills sind zum etablierten Bestand der Bewertungs- und Auswahlkriterien von Bewerbern geworden und haben einen festen Platz in so gut wie jedem beruflichen Anforderungsprofil. Im Gegensatz zu den harten Fakten und fachlichen Voraussetzungen, die Zeugnisse oder Zertifikate liefern, finden sich unter dem Sammelbegriff Soft Skills all die persönlich gefärbten »Fertigkeiten und Fähigkeiten zum Umgang mit Menschen und Entscheidungen, zur Selbststeuerung und Selbstorganisation«, so die Definition des Ratgebers *Mit Soft Skills mehr erreichen*. Dahinter verbirgt sich ein umfangreicher Katalog all jener Wunscheigenschaften, die die Schlüsselqualifikationen und das nötige Rüstzeug für eine erfolgreiche berufliche Laufbahn liefern. Nicht trockene Daten wie berufliche Qualifikationen, handfeste Erfahrungen und bewiesene Fachkenntnisse, sondern Charaktereigenschaften, individuelle Verhaltensweisen und tief verwurzelte Persönlichkeitsstrukturen entscheiden jetzt über die Tauglichkeit des Bewerbers. Internationalen Studien zufolge wird der Erfolg im Arbeitsleben bereits heute allenfalls zu mageren fünfzig Prozent durch Fachkompetenz bestimmt, mindestens genauso stark entscheiden Soft Skills über Top oder Flop. Wie der Ratgeber zeigt, begnügt man sich nicht mehr wie bisher mit der Frage danach, was ein Mitarbeiter oder Bewerber *kann*, sondern will nun vor allem wissen, wie er *ist*. Das heißt, es ist nicht allein ausschlaggebend, ob jemand Bilanzen lesen, Konzepte verfassen oder Kabel verlegen *kann*, sondern ob er flexibel, teamfähig und motiviert *ist*. Das eigene Naturell mit all seinen Anlagen, Eigenschaften und Widersprüchen wird zum alles entscheidenden Erfolgsfaktor. Vor diesem Hintergrund scheint es als geradezu existenzschädigend, die Formung einer Persönlichkeit, der die Soft Skills ja nachweislich entspringen, nachlässig dem Zufall zu überlassen.

Das sich daraus ergebende Persönlichkeitsprofil stellt sich in etwa wie folgt dar: Man ist mobil und flexibel, glänzt durch Kreativität und brennt auf Innovation. Man ist stets kommunikationsfreudig, sozial sensibel und liebt die Arbeit im Team, wo einem das immer wieder bewiesene Organisationstalent und die eigene vorzügliche Menschenkenntnis zugute kommen. In Windeseile arbeitet man sich in neue Bereiche ein und freut sich über unvorhersehbare Kursänderungen und spontane Korrekturen, die man voller Elan in seine Arbeit integriert. Selbstverständlich ohne sich zu verzetteln, denn man arbeitet stets zielorientiert und verfügt über ein ausgeklügeltes Zeitmanagement, auch das nur eine der vielen Tugenden der professionellen und ausgereiften Selbstorganisation. Man denkt nicht nur logisch, sondern auch analytisch und strategisch und in jedem Falle fächerübergreifend. Man ist nahezu resistent gegen Stress, liebt das Risiko und die Herausforderung und ist ohnehin konflikterprobt, nervenstark und extrem belastbar. Rhetorisch ist man ausgefuchst und beherrscht das gesamte Repertoire vom Smalltalk mit dem Chef bis zur Dolby-Surround-Präsentation in Stadthallen. Und zu guter Letzt wären da noch dieses unerschütterliche Selbstbewusstsein und die charismatische Ausstrahlung, die dem Ganzen den richtigen Schliff verleihen.

Eine gute, also eine karrieretaugliche Persönlichkeit, wie sie das Bild vom »unternehmerischen Menschen« verlangt, hat mit diesen »weichen« Fähigkeiten und Verhaltensweisen ausgestattet zu sein und jeder ehrgeizige Bewerber, der es zu etwas bringen will, ist gut beraten, sich schleunigst ein paar von diesen Eigenschaften zuzulegen. Umgekehrt wird jedes Unternehmen, das auch nur ein bisschen was auf sich hält, darauf Wert legen, eine Hand voll »weicher Fähigkeiten« in seine Stellenausschreibungen oder Arbeitsplatzprofile einzuflechten. Die fiebrige Forderung nach Soft Skills gehört längst nicht mehr nur in den vermeintlich zukunftsträchtigen Branchen oder bei der Suche nach hochrangigen Bewerbern zum guten Ton, sondern schallt durch sämtliche Sparten. Ob Handwerker, Hebamme, »Head of Sales« oder Hilfsarbeiter: Wer den Job bekommen will, sollte zumindest einen kommunikativen und dynamischen Eindruck hinterlassen.

Welche Fähigkeiten zu den begehrten Soft Skills gehören, ist zwar ohne großen Aufwand den einschlägigen Karriereberatern, Stellen-offerten oder Jobbörsen zu entnehmen, wo sie nicht ohne Penetranz angepriesen und hochgejubelt werden. Darüber, welche Anforderungen sich tatsächlich dahinter verbergen, herrscht hingegen meist wenig Klarheit und obliegt nicht selten dem Deutungsspielraum von Unternehmern, Vorgesetzten oder Personalbeauftragten. Wie das Wörtchen »soft« bereits vermuten lässt, scheint durchaus Interesse daran zu bestehen, ihren Inhalt möglichst unscharf zu halten. So sind die Soft Skills zumindest schon einmal eines: eine dankbare Worthülse, dehnbar und vage genug, um für allerlei herzuhalten. Flexibel eben, wenn man so will.

Etikettenschwindel

Eine Vielzahl der geforderten weichen Qualitäten wirkt auf den ersten Blick sehr human. Sie rücken den Mitarbeiter als Mensch in den Vordergrund, betonen den Umgang mit anderen, versprechen eigenverantwortliches, selbstbestimmtes Handeln und schöpferische und abwechslungsreiche Tätigkeiten. Eine Stellenausschreibung, die Teamfähigkeit, Kreativität, soziale Kompetenz und Motivation verlangt, lässt eine Tätigkeit vermuten, bei der man nicht mehr mit kleinkarierten, fachlichen Forderungen konfrontiert wird. Doch bereits ein zweiter Blick auf die Stellenofferten offenbart, dass sich die modischen Soft Skills im Berufsalltag nicht ganz so vielversprechend niederschlagen.

»Sie sind motiviert, dynamisch und an eigenständiges Arbeiten gewöhnt?«, fragt die Pflegestation in ihrer Stellenausschreibung die gesuchte Krankenschwester. Die westfälische Veranstaltungsagentur hingegen sucht »einen motivierten, einsatzfreudigen Lichttechniker«, der »flexibel und dynamisch und auch für Einsätze zu außergewöhnlichen Arbeitszeiten motiviert« ist. Das Stadtmagazin verlangt vom Layouter einen »kreativen Kopf mit Lust auf ein junges Team«, und dem alteingessenen Beratungsunternehmen schwebt als Junior-Berater »eine belastbare, flexible Person, die ungewöhnliche Arbeitszeiten nicht scheut«, vor, die »Flexibilität und Engagement, Mobilität sowie Freude an Reisen und internationalem Teamwork« mitbringt, während der Konkurrenz als Marketingmanager mehr ein »operativer Machertyp und Problemlöser« mit einem »hohem Maß an Eigenmotivation und Businessorientierung« und »sehr guten kommunikativen Fähigkeiten« vor Augen schwebt.

Eigenschaften und Zugeständnisse, die ehedem allenfalls Führungskräften, Selbstständigen und dem gehobenen Management abverlangt wurden, sickern zum kleinen Angestellten durch. Der bekommt es mit einem regelrechten Anspruchswachstum zu tun und darf dann zusehen, wie er mit seinem unternehmerischen und sozialkompetenten Persönlichkeitsprofil den Wünschen des Unternehmens nachkommt, denn gefordert wird vor allem eines: Anpassungsfähigkeit. So sammeln sich unter den Soft Skills all jene Fähigkeiten, die der Mitarbeiter braucht, um sich in die strukturell schwache, unbeständige und mythendurchtränkte Unternehmensorganisation einzupassen wie ein Puzzlestück: Teamarbeit und das menschliche und spaßintensive Klima verlangen nach sozialem Fingerspitzengefühl und Kommunikationsfreude, die Forderung nach Flexibilität muss ein Mitarbeiter erfüllen, um den Mangel an Kontinuität und Sicherheit selbstständig auffangen und ausgleichen zu können, und seine unternehmerische Rolle füllt er aus, indem er belastbar ist, sich selbst organisiert, motiviert ist und Mut zur Selbstpräsentation zeigt.

Greifen wir uns kurz zwei dieser Eigenschaften heraus und widmen uns ihnen etwas ausführlicher. Flexibilität ist eine zeitgenössische Vokabel für Beweglichkeit und Anpassungsfähigkeit und empfiehlt sich als das vielversprechende Gegenteil zur öden Routine und farblosen Regelmäßigkeit. Der Begriff bezeichnet die Fähigkeit eines Gegenstandes sich verformen und biegen zu lassen und danach wieder in seinen Ausgangszustand zurückzukehren. Ein Gummiband mag flexibel sein, ein Baum, der dem Wind nachgibt, und ein Stretchkleid wohl auch. Flexibilität besteht folglich vorrangig darin, zu reagieren statt zu agieren. Übertragen auf den Kosmos Arbeitswelt heißt das: Verlangt wird ein Mitarbeiter, der sich wie ein Gummiband zügig und ohne Widerworte den immer wieder ändernden Umständen und Anforderungen von Markt und Kunden anpasst und immer wieder neue Lösungen findet, um mit den Veränderungen zurecht zu kommen.

Der Frage, über wie viel Beweglichkeit der Mitarbeiter verfügt und wie weit man ihn verbiegen kann, ohne ihn zu brechen, widmen sich die Kritiker des »flexiblen Kapitalismus«. Die ständig geforderte Flexibilität, so ihre These, unterlaufe die »natürlichen Bedürfnisse« des Menschen, dessen Charakter nun einmal auf Kontinuität und Verlässlichkeit angewiesen sei: »Der Charakter konzentriert sich insbesondere auf den langfristigen Aspekt unserer emotionalen Erfahrung. Charakter drückt sich durch Treue und gegenseitige Verpflichtungen aus oder durch die Verfolgung langfristiger Ziele und den Aufschub durch Befriedigung um zukünftiger Zwecke willen. (…) Wie aber können langfristige Ziele verfolgt werden, wenn man in einer ganz auf das Kurzfristige ausgerichteten Ökonomie lebt«, beschreibt Richard Sennett in *Der flexible Mensch* die Nebenwirkungen der geforderten Eigenschaft.

Mobilität wiederum präsentiert sich als das räumliche Pendant zu Flexibilität, und weil sich beide so gut ergänzen, werden sie häufig im handlichen Doppelpack eingefordert. Mobil zu sein klingt dynamisch, nach Tempo, Vorwärtskommen und Ungebundenheit. Wer seine Arbeit auf Abruf heute hier und morgen dort erledigt, darf sich mit der Auszeichnung »Jobnomade« schmücken, deren mobile Art des Arbeitens Gundula Englisch in ihrem gleichnamigen Buch beschreibt: »Flughäfen, Bahnhöfe, Züge und Hotellobbys sind bevölkert von Menschen, die bei der Arbeit sind: den Laptop auf den Knien, das Handy in der Jackentasche, das Headset am Ohr – ständig erreichbar und immer unterwegs.«

Doch Mobilität meint weit mehr als das Aufklappen des Laptops in einem öffentlichen Raum, nämlich dem Ruf der Arbeit über Städte und Grenzen hinweg treu zu folgen. Das hat auch Gundula Englisch erkannt und schwärmt von einer Arbeitswelt, die »sesshafte, abhängig beschäftigte Lohnempfänger in mobile Jobnomaden verwandelt, die frei über ihre Arbeitskraft verfügen in einer Welt voller Jobhopper, Beziehungsnomaden, Cyber-Kosmopoliten, Grenzgänger und Wanderexistenzen«. Das ständige Unterwegssein verlangt nach einem möglichst nicht nur geografisch, sondern auch sozial kaum Wurzeln schlagenden Mitarbeiter, der seiner Arbeit bereitwillig hinterherzieht, auch wenn sie ihn trotz des weltläufigen Images der Mobilität nicht immer in globale Metropolen führt, sondern nicht selten in tristen Vorstädten oder der trostlosen Provinz endet.

Mobilität ist eine der Soft Skills auf dem absteigenden Ast. So wächst die Zahl derer, die keine Lust mehr haben, sich von ihrer Arbeit durch die Welt schubsen zu lassen und dafür auf ein soziales Umfeld, Familie und Heimat zu verzichten. Laut einer Studie, die vom Bundesministerium für Familie, Senioren, Frauen und Jugend in Auftrag gegeben wurde, beklagen sich fast 70 Prozent aller beruflich Mobilen – im Gegensatz zu nur vier Prozent aller nicht mobilen Personen – über die Belastungen, die sich aus dieser Lebensform ergeben. Weiter wurde deutlich, dass beruflich mobile Menschen signifikant häufiger – und damit vielleicht nicht immer aus eigener Überzeugung – kinderlos bleiben als ihr sesshaftes Pendant. Auch einer der Leiter der Studie, Prof. Dr. Norbert F. Schneider vom Institut für Soziologie in Mainz, bestätigt in *Die Zeit*: »Mobilität ist ein Wert, der bisher ziemlich unkritisch als wünschenswert betrachtet wird. Doch ich sehe in der Gesellschaft einen gewissen Trend zu fragen, wo denn die eigentlichen Vorteile der Mobilität liegen.«

Schon dieser kurze Blick auf die so häufig geforderten Soft Skills Mobilität und Flexibilität zeigt, dass damit Probleme verbunden sind, die weit über das Berufsleben hinausgehen und den Menschen als Privatperson zugleich einschränken und überfordern. Die idyllische Vorstellung vom modernen Mitarbeiter als bindungslos umhertreibender Scholle und elastischem Gummiband geht an der Wirklichkeit vorbei. Es liegt auf der Hand, dass eine Vielzahl der Arbeitnehmer sich mehr aus der Not heraus denn aus eigener Überzeugung so mobil und flexibel verhält: Ich muss so sein, heißt es dann. So äußerten die jungen Hoffnungsträger laut *Berliner Zeitung* auf der Zukunftskonferenz »Macht der Talente« in Leipzig im Herbst 2001 zum Schrecken und zur Verwunderung der Wirtschaftswelt wiederholt den Wunsch nach Sicherheit.

EQ – Erfolgsgarant mit zwei Buchstaben

Die Mehrheit der »weichen« beruflichen Tugenden beschreiben soziale und emotionale Kompetenzen wie Motivation, Belastbarkeit, Teamfähigkeit oder Selbstorganisation, die alle dem professionellen Umgang mit Menschen und Entscheidungen dienen sollen. Das heißt: Der gewünschte Mitarbeiter sollte in erster Linie nicht mehr viel wissen, sondern vor allem ein mit allen Wassern gewaschener Experte für Gefühlsmanagement und Kommunikation sein. Wo früher der IQ gleichsam für Verstand, Wissen, Fähigkeiten, Kompetenz und Vernunft stand, steht heute der EQ: Die »Intelligenz der Gefühle«, als eine Art Sammelbecken und Bewertungsskala der entscheidenden emotionalen Fähigkeiten. Bereits 1995 hat Daniel Goleman in seinem Bestseller *Emotionale Intelligenz* emotionale Fähigkeiten ausgemacht, die den Erdenbürger schon seit den Anfängen der Menschheitsgeschichte zu herausragenden Leistungen motiviert haben und zu deren Verdienst, wie er schreibt, zahlreiche der bedeutenden kulturellen Errungenschaften gehören. Zur Emotionalen Intelligenz »gehören Fähigkeiten, wie die, sich selbst zu motivieren und auch bei Enttäuschungen weiterzumachen, Impulse zu unterdrücken und Gratifikationen hinauszuschieben, die eigenen Stimmungen zu regulieren und zu verhindern, dass Trübsal einem die Denkfähigkeit raubt, sich in andere hineinzuversetzen und zu hoffen«. Der Wert und Zweck des IQ scheint sich im Berufsalltag als unbrauchbar und wenig aussagekräftig erwiesen zu haben. Glaubt man Goleman, steuert er bei Angestellten gerade mal 30 Prozent und bei Führungskräften nur mickrige 15 Prozent zum Erfolg bei, und es scheint nur eine Frage der Zeit zu sein, wann man den IQ, so umstritten seine Verwendbarkeit als Synonym für Wissen, Vernunft und Verstand auch immer sein mag, endgültig für belanglos erklärt.

Zum Glück wird der EQ, wie alle Soft Skills, einem nicht durch das unbestechbare Los der »genetischen Lotterie« zugeteilt, sondern ist vor allem eine Frage des nötigen Willens und richtigen Trainings. Erklärtes Klassenziel ist es, das »emotionale Alphabet«, das nicht nur den Verfall der Gesellschaft aufhält, sondern jetzt auch noch die Arbeitswelt rettet, aus dem Effeff zu beherrschen. Die Intelligenz der Gefühle wird zum alles entscheidenden Erfolgsfaktor, mit dem nicht nur die Beliebtheit und das Ansehen von Mitarbeiter und Unternehmer steigen und fallen, sondern auch die Umsatzzahlen. Ehedem berufstaugliche Tugenden wie Disziplin, Pünktlichkeit oder Verlässlichkeit scheinen hingegen nicht mehr gefragt.

Kurzum: Seine Gefühle säuberlich im Griff zu haben ist »die Grundlage jeder Art von Erfolg«. Der stellt sich aber erst ein, wenn diesen Gefühlen Taten folgen, die sich in einer Art Dominoeffekt ausbreiten: Der Vorgesetzte respektiert seine Mitarbeiter nicht nur, sondern zeigt ihnen seinen Respekt, indem er sie ausführlich lobt, der Gelobte seinerseits gibt den empfangenen emotionalen Schlüsselreiz brav mit einem Lächeln oder ein paar netten Worten wieder an den nächsten weiter und der wieder an den Nächsten und so weiter. Das warme, emotionale Klima verbreitet sich wie ein Lauffeuer und zeugt viele kleine »soziale Stars«, die mit hochproduktiven Ergebnissen und effektiven Leistungen glänzen.

Aber es kann doch nicht Sinn und Zweck sein, Mitarbeitern und Unternehmern abzuverlangen, jetzt auch noch ihre emotionalen Beigaben so zu kontrollieren, aufzupolieren und zurechtzustutzen und dann wohldosiert von sich zu geben, wenn es gewünscht wird. Die geforderte Empathie, also die Fähigkeit, sich in die Seelenlage seiner Mitmenschen zu versetzen, würde ernsthaft und nicht oberflächlich betrieben ein solches Maß an Sensibilität und Beobachtungsgabe erfordern, dass man damit gut und gerne vollkommen ausgefüllt wäre und für die eigentliche Arbeit kaum noch Platz bliebe. Doch von tatsächlichem, von einem aufrichtigen menschlichen Interesse kann keine Rede sein. Empathie und Sozialkompetenz werden vielmehr als die Fähigkeit beschrieben, gewünschte Reaktionen in anderen hervorrufen und sie auf diese Art beeinflussen und lenken zu können.

Zudem ist der EQ ein höchst fragwürdiges Konstrukt, wie Rolf Degen in seinem *Lexikon der Psychoirrtümer* entschlüsselt hat. Als schwammiges, zusammengedachtes Gebilde verdankt er seinen Ruhm weniger einer wissenschaftlichen Leistung als dem cleveren Schachzug, sich den öffentlichen und wissenschaftlichen Bekanntheitsgrad des IQ zu borgen und dreist für sich umzumodeln. Auch der angeblich so hochprozentige Beitrag des EQ zum beruflichen Erfolg zeigt sich als das Ergebnis einer Milchmädchenrechnung: So wird dem IQ normalerweise eine Beteiligung von 20 Prozent an der beruflichen Laufbahn zugestanden, die restlichen 80 Prozent hat sich Goleman, der »Erfinder des EQ«, einfach unter den Nagel gerissen und vorschnell auf das Konto des frisch gebackenen EQ verbucht. Die Ergebnisse von Langzeitstudien sehen dann auch etwas anders aus und attestieren den emotionalen Persönlichkeitsmerkmalen, wie sie der EQ in sich vereint, keine ausschlaggebende Rolle als Karriere-Beschleuniger. Dafür kann die von Degen zitierte Untersuchung mit einem anderen interessanten Ergebnis aufwarten: »Die Gewissenhaftigkeit, die vorwiegend aus Pflichtgefühl, Ausdauer, Strebsamkeit und Zuverlässigkeit besteht (und bei der EQ-Bewegung wenig Anklang finden), schneidet bei solchen Studien am besten ab.«

Zurück zu den Fakten

Tugenden wie Flexibilität, Teamfähigkeit oder Mobilität, die heute den Stellenannoncen Glanz verleihen, folgen einer uralten, aber nach wie vor wirkungsvollen Taktik, auf die seit jeher zurückgegriffen wird, wenn man etwas unters Volk bringen will, aber berechtigte Zweifel bestehen, ob man es überhaupt los wird. Es ist die gleiche aufdringliche Schönfärberei, wie sie einem aus den anderen Rubriken des Anzeigenteils der Tagespresse wohl vertraut ist: In Partnerschaftsanzeigen lesen wir von einem vollschlanken, jung gebliebenen Zwilling mit Tiefgang und ahnen, dass dahinter ein unförmiger Bierbauch auf Rollerblades steckt, der seiner Midelifecrisis mit astrologischen Weisheiten beizukommen versucht. In Wohnungsanzeigen lesen wir von einem verkehrsgünstig gelegenen, interessant geschnittenen Souterrain und bekommen ein achteckiges Kabuff im Keller unweit einer Umgehungstraße präsentiert. Mit Hilfe einiger ansehnlicher Begriffe wird die schonungslose Wahrheit, von der kaum einer etwas wissen will, aufpoliert und zweckverschönert.

Doch nicht allein des Etikettenschwindels machen sich die Soft Skills schuldig. Das ausgesprochene Faible der Personalvorstände und Vorgesetzten für die weichen Fähigkeiten zieht ein weiteres schweres Vergehen nach sich: die Geringschätzung von fachlicher Qualifikation und Wissen. Es zählt nicht mehr, »was« jemand tatsächlich kann, sondern »wie« er ist, wie er sich präsentiert und welchen Eindruck er dabei hinterlässt. Es zählt die Form. Fachliche Inhalte und Fertigkeiten hingegen gelten als theoretisch für jedermann erlernbar und bis zu einem gewissen Grad austauschbar und werden guten Gewissens erst einmal außer Acht gelassen. Als würden sie sich von selbst einfügen, wenn nur die persönliche Geste stimmt.

Zu einem anderen Ergebnis kommen jedoch Prof. Dr. Ekkehart Frieling, Dr. Simone Kauffeld und Dipl. Psych. Sven Grote vom Institut für Arbeitswissenschaft der Uni Kassel in ihrer Studie *Kompetenz und Persönlichkeit sind unabhängig voneinander*: »Persönlichkeitseigenschaften, die per Definition als zeitlich überdauernd gelten, haben kaum etwas mit den beruflichen Handlungskompetenzen der Mitarbeiter zu tun. Dies ist ein Ergebnis, das Personalentwickler hoffnungsvoll stimmen sollte und die Personalauswahl mit Hilfe von Persönlichkeitstests wenig ratsam erscheinen lässt«. Weiterhin würde die Bedeutung der Sozialkompetenz überschätzt, denn »obwohl die Mitarbeiter geraume Zeit mit dem Austausch sozial wertender Äußerungen verbringen, befähigen soziale Kompetenzen im Kontext von Gruppendiskussionen nicht zum Generieren von (guten) Lösungen«. Dass Sozialkompetenz auch bei der Auswahl von Führungskräften nicht mehr sei als das »Sahnehäubchen«, sagt der Augsburger Psychologe und Professor für Personalwesen Oswald Neuberger in einem Gespräch mit der Nachrichtenagentur dpa und nennt »gefragte« Qualitäten, die in eine völlig andere Richtung deuten: »Wenn es hart auf hart geht, ist das Softe nicht gefragt. Sie müssen auch Ellbogen haben und harte Entscheidungen treffen können.«

Selbstverständlich ist es erfreulicher und erleichtert die Zusammenarbeit, wenn man eine gewinnende Frau als Vorgesetzte oder einen netten Kerl als Kollegen hat. Aber wer dem Selektionsmuster der weichen und emotionalen Kriterien beipflichtet, muss es dann auch hinnehmen, dass die Führungskraft, die auf den ersten Blick eine wenig eindrucksvolle, emotional-intelligente Aura verströmt, aber dafür mit genauem Blick für das Talent ihrer Mitarbeiter, kompetent in Führung und mit großartigem Wissen und Erfahrungsschatz aufwartet, ab jetzt zweite Wahl ist.

Statt es zur alles entscheidenden Frage werden zu lassen, wie jemand sich aufführt und feilbietet, sollte man sich wieder die Zeit nehmen herauszubekommen, was er kann und weiß. Die unabdingbare Basis für jede Form der Zusammenarbeit ist und bleibt nämlich das Verständnis und die Nachvollziehbarkeit der fachlichen Leistungen des anderen und damit der Respekt vor dessen Kompetenz. Die Wissensökonomie beruht auf fundiertem Wissen und begnügt sich nicht mit dem, was einer gestern in der Datenbank recherchiert und letzte Woche in der Crash-Schulung mit auf den Weg bekommen hat. Gewiss, der Mitarbeiter muss seine Kenntnisse und Einsichten preisgeben, teilen und verständlich machen können, man sollte sich allerdings nicht zu sehr darauf versteifen, dass er dabei auch noch eine gute Figur macht.

Der Wert von Wissen kann nicht daran bemessen werden, ob es schnell erworben werden kann, just in time verfügbar und direkt verwendbar ist. Wissen ist mehr als ein paar mundgerechte Häppchen nach Bedarf. Das bedeutet nicht, das Wissen und Können der Mitarbeiter einzutüten und zu konservieren, sondern es zu ergänzen, abzugleichen und aktuelle Bezüge herzustellen, damit es frisch bleibt. Der lebendige und sich ständig erneuernde Charakter des Wissens ist jedoch nichts Neues und schon gar keine Erfindung des Informationszeitalters und der Wissensgesellschaft. Der immer wieder laut werdende Vorwurf, fundiertes und fachliches Wissen würde sich zum Verständnis einer dem Wandel unterworfenen Welt nicht mehr eignen, setzt aber einen starren und eingeschränkten Wissensbegriff voraus.

Gerade hysterisch wird immer wieder die verkürzte Halbwertzeit des Wissens beschworen, gefolgt von der Einsicht, es wäre schlichtweg nichts mehr auf Vorrat zu vermitteln. Darauf folgt stets die Aufforderung, all jenes Wissen, was nicht direkt an den Mann gebracht wird, schleunigst zu vergessen. Sicher, Wissen hat eine nicht zu unterschätzende Inflationsrate und entwertet sich von Zeit zu Zeit selbst, doch um zu neuen Einsichten zu gelangen, ist es oft ganz hilfreich, die alten erst einmal verstanden zu haben. Solides Wissen liefert einen Kontext und eine fundierte Basis, die es oft erst ermöglicht, Zusammenhänge zu erkennen, Informationen zu bewerten, einzuordnen und weiterzudenken und damit zu Wissen werden zu lassen.

So postuliert Helmut F. Karner: »Wir müssen vergessen können!« und tritt gemeinsam mit anderen für das große Reinemachen, die »Wissensbereinigung«, den »Wissensverlust« und das »Entlernen« ein. Fundierte Kenntnisse und erworbene Kompetenzen und Erfahrung getrost zu vergessen, da sie innovative Erkenntnisse und unangepasste Ideen hemmen könnten, ist ziemlich unsinnig. Wer für das große Vergessen eintritt, setzt voraus, dass genau bestimmbar ist, welches Wissen für gute Einfälle und kluge Lösungen geeignet ist und welches man guten Gewissens für überflüssig und unbrauchbar erklären darf. Zudem zeigt sich darin der irrige Glaube, dass die heutige Zeit so viel Einmaliges und Neues mit sich bringt, dass die Kenntnisse, das Wissen und die Erfahrungen der letzten Jahrhunderte ihr nicht mehr beikommen können.

Die Forderung nach *Wissen* und *Können* statt dem *Sein* der Mitarbeiter formuliert nicht den Anspruch auf ein vollständiges und lückenloses Fachwissen, sondern verlangt nach der Fähigkeit, Wissen eigenständig zu »gebrauchen«, zu vertiefen und zu erweitern, Mut zur Wissenslücke zu haben und die Bereitschaft, gewohnte Denkwege und vertraute Disziplinen zu verlassen und sich jenseits fachlich abgesteckter Pfade in neue Wissensgebiete vorzuwagen. Die viel geforderte Flexibilität macht Sinn in Form einer »geistigen Elastizität« zwischen den Disziplinen und über den Tellerrand hinaus. Das interdisziplinäre Denken, das hin und wieder auch in den geforderten Soft Skills auftaucht, scheint ein durchaus vernünftiger Ansatz zu sein, wenn es nicht mit Anspruch auf Alleinherrschaft auftritt und brauchbares Fachwissen und erworbene Kompetenzen nicht als Hindernis, sondern als notwendige Zutaten bewertet werden.

So wird die Fähigkeit zum interdisziplinären Denken laut einer Studie des Beratungsunternehmens Kienbaum noch vor dem Problemlösungsverhalten und dem Führungspotenzial von den Unternehmen als die zentrale Fähigkeit angesehen, die ein »High Potenzial« von einem gewöhnlichen Absolventen unterscheidet.

Der Bewerber von der Stange

Viele blenden, ohne einen Schimmer zu haben.

HEINZ ERHARDT

Wanted: Mitarbeiter

Bereits Mitte der neunziger Jahre wurde von Seiten der Unternehmer immer wieder – zuerst leise, dann laut – die Sorge geäußert, zu wenig qualifizierte Mitarbeiter finden und an das Unternehmen binden zu können. Selbst wenn die fachliche Leistung manch eines Bewerbers bestechend ist, fehlen ihm nicht selten die unbedingt geforderten Soft Skills. Besonders die mit Technologien und mit Wissen und Information handelnden Branchen suchten händeringend nach Mitarbeitern und entfachten den »War for Talents«, dem Ed Michael von der Unternehmensberatung McKinsey 1998 seinen populären Namen verlieh. Paradoxerweise hält sich der aktuelle Bedarf an Personal genau bei den Branchen, die diesen Krieg anzettelten, entgegen der Prognosen, eher in Grenzen. Das bedeutet jedoch nicht, dass sich die Lage entschärft hat. Die derzeit maue wirtschaftliche Lage mindert den Bedarf an »guten Leuten« nur geringfügig. In vielen Unternehmen besteht nach wie vor ein personeller Notstand. Und das, obwohl laut *Handelsblatt* knapp vier Millionen Arbeitslose einer Million offener Stellen in den Unternehmen gegenüberstehen. Der häufigste Grund: Die mangelnde Qualifikation der Bewerber. Ein sprichwörtliches Beispiel für den bisweilen leergefegten Personalmarkt sind die landläufig borniert als »Computer-Inder« bezeichneten, indischen IT-Spezialisten.

Angebot und Nachfrage sind aus dem Ruder gelaufen. Immer wieder berichten sichtlich verzweifelte Personalvorstände von ihrer wenig dankbaren Aufgabe, die richtigen Mitarbeiter in Gestalt des »Employer of choice« zu finden. Ihre Schilderungen gleichen sich merklich: Der Markt sei »abgegrast«, es fehle schlichtweg an qualifiziertem Personal, gute Leute seien rar und würden unentwegt gesucht. Treffen kann es jeden, den Familienbetrieb in der Provinz, die frisch ge-

backene Technologiefirma, den solventen Mittelständler, Bildungseinrichtungen und die globalen Giganten: Ob Lebensmittelkette, Reise-
veranstalter, Versicherung, Polizei oder die Erstligisten der Bundesliga,
sie alle suchen händeringend »qualifizierten Nachwuchs«.

Nicht besetzte Stellen und fehlende Personalplanung kann sich
heute kaum noch ein Unternehmen leisten, ist doch die Wirtschaft-
lichkeit eines Unternehmens in zunehmendem Maße eine Frage des
richtigen Personals an der richtigen Stelle, wie ein Beispiel aus der
Süddeutschen Zeitung zeigt: »Fünf Flugzeuge musste eine internationale Fluggesellschaft im vergangenen Jahr stilllegen. Nicht etwa, weil
die Technik veraltet war, die Personalarbeit war es. Für die Maschinen standen keine Piloten zur Verfügung. Umsatzausfall, verursacht
durch strategische Fehler der Personaler: 500 000 Euro am Tag.«

Das Projekt Mitarbeitersuche muss heutzutage in großem Stil in
Angriff genommen werden. Mit einer verstaubten Personalabteilung
und Einstellungsverfahren nach Schema F ist da nicht mehr viel auszurichten. Das »Human-Resource-Management«, die Mitarbeiter-
werbung und -bindung, wird zur Nabelschnur und zum Motor des
Unternehmens. Hier wird über seine Zukunft entschieden, nicht auf
Vorstandssitzungen, nicht in der Werbeabteilung und auch nicht auf
der Jahresversammlung der Aktionäre.

Und so werden weder Zeit noch Geld gescheut, um den »Employer of choice« zu finden. Flächendeckend durchforstet das HR-Kom-
mando in groß angelegten Rasterfahndungen den Markt nach
brauchbaren Mitarbeitern. Dabei gilt: Je gefragter der zu ködernde
Nachwuchs ist, umso einfallsreicher müssen die Methoden sein.
Bundesweite Radiospots, breit gestreute Postkartenaktionen und
großformatige Anzeigen sollen den Traumbewerber ködern. Wach-
sender Beliebtheit erfreut sich auch der »Erstkontakt« über das Internet, und falls man so nicht weiterkommt, werden auch schon mal die
Angestellten eingespannt: Bei Lieferung eines brauchbaren Kandidaten winkt ein Kurzurlaub. Erlaubt das Firmenbudget größere Sprün-
ge, zeigt man lautstarke Präsenz auf der Recruiting-Messe oder auf
der Karriere-Tagung, wird Mitglied in Nachwuchs-Börsen und Stu-
denteninitiativen und setzt zu guter Letzt einen auf professionellen
Bewerberfang spezialisierten Headhunter ein.

Das Bild vom Wunschkandidaten, das viele Firmen heute zeichnen, ist bis in die letzten Details und mit feinen Nuancen sorgfältig ausgemalt. Unternehmen wissen ganz genau, wie er zu sein hat, was er können muss und mitbringen soll. Und da die meisten lieber einen Job haben wollen als sich in das Heer der Arbeitslosen einzureihen, setzen sie alles daran, dem gewünschten Profil zu entsprechen und keine Wünsche offen zu lassen. Nur nichts dem Zufall überlassen. Erfolg ist machbar und verlangt nicht mehr als sich auszahlende Investitionen in den eigenen Marktwert.

Werbung in eigener Sache

Welche Investitionen sich auszahlen und wie die erfolgreiche Karriere, das schnelle Geld und der Erfolg des »unternehmerischen Menschen« kaum zu vermeiden sind, das vermitteln zahlreiche und praxisnahe Tipps und Tricks für die professionelle Selbstvermarktung. Alles, was man dazu braucht, kann man dort nachlesen. ›Jeder ist seines eigenen Glückes Schmied‹ lautet kurz und bündig die verbindende Philosophie.

Zunächst wird jedem geraten, sich für einen »Beruf mit Zukunft« zu entscheiden, einen Beruf also, der Perspektive erlaubt und in einer boomenden Wirtschaftsbranche angesiedelt ist. Doch damit ist es nicht getan: Seitdem Arbeit mehr als nur schlichter Broterwerb ist, sondern »Berufung«, wird nur der, der seine wahre Bestimmung erkennt, mit dem beruflichen Durchbruch belohnt.

Um dieser Berufung näher zu kommen, ist es jedoch mit dem emsigen Herumtüfteln an der beruflichen Qualifikation allein noch lang nicht getan. Sie ist genau besehen sogar ziemlich wertlos, wenn sie nicht mit allen Raffinessen an den Mann gebracht wird. Erst die richtige »Werbung« bringt den Stein ins Rollen. Ohne Eigen-Werbung nutzen auch all die guten Zeugnisse und die perfekt beherrschten Fremdsprachen wenig, und so kommt es, dass dem Werben und Verkaufen der eigenen beruflichen Leistung ein kometenhafter Aufstieg beschieden ist. Welche Spielregeln man zu befolgen hat, um als Sieger die Bewerbungsrunde zu verlassen, ist heute für jedermann leicht herauszufinden. Monatlich frisch aufgelegte Magazine für »Jung-Professionals«, Jobportale und eine spezielle Gattung von

Ratgebern, Seminaren und Trainingskursen hat sich des Themas angenommen und versorgt den um die Gunst der Unternehmen buhlenden Kandidaten mit allerhand großgedrucktem Know-how. Das kleine Einmaleins der bewährten Bewerbungsratgeber, das sich darin erschöpfte, von einer Bewerbung mit Eselsohren, Fettflecken, Zigarettenqualm, Rechtschreibfehlern und einem Urlaubsschnappschuss als Bewerbungsfoto abzuraten und dazu aufforderte, sich im Vorstellungsgespräch um einen souveränen Blickkontakt und festen Händedruck zu bemühen, hat ausgedient.

Wer seine Bewerbungen papierlos per E-Mail in die Personalabteilung schickt und statt in einem halbstündigen Vorstellungsgespräch in mehrtägigen Bewerberparcours durchleuchtet wird, verlangt nach Kniffen und Tricks von einem ganz anderen Kaliber: Umfangreiche Selbsttests verhelfen zur realen Selbsteinschätzung, vorgefertigte Layouts und Beispieltexte auf der mitgelieferten CD machen das lästige Verfassen des Anschreibens zur reinen Formsache, und die Trainingskassette mit fiktiven Personalchefs ermuntert zur Trockenprobe des Vorstellungsgesprächs.

Der gläserne Bewerber

Dass heute andere Qualitäten über die Tauglichkeit für den Job entscheiden, deutet sich meist schon in den Vorstellungsgesprächen an. Die Frage nach den Qualifikationen wird meist nur am Rande gestellt. Statt dessen will man vom Bewerber wissen, ob er sich schnell einarbeiten kann, es gewohnt ist, unter Stress zu arbeiten, was er sich im besten Falle unter teamfähig vorstellt und ob er grundsätzlich nicht abgeneigt ist, die Abendstunden im Notfall im Büro zu verbringen. Anders als die leblosen, messbaren Daten, die der Bewerber sonst in seinem fachlichen Profil versammelt, sind diese Soft Skills jedoch schwer nachzuweisen und zu kontrollieren. Wer angibt, sein Studium in Rekordzeit und mit Auszeichnung hinter sich gebracht zu haben, von einem zweijährigen Forschungsauftrag berichtet und seine Erfahrungen in der Vorstandsetage eines Großkonzerns zum Besten gibt, muss damit rechnen, Belege auf den Tisch legen zu müssen. Stehen hingegen die weichen Faktoren auf dem Prüfstand, kann erst einmal jeder von sich behaupten, er habe seit jeher durch seine kreative Denke und unerschütterliche Motivation von sich reden gemacht und sei aufgrund seines emotionalen Feingefühls bisher praktisch konfliktfrei durchs Leben gekommen.

Die schlechte Beweislage für Soft Skills ist auch den Unternehmen nicht entgangen. Die meisten Bewerber haben die praxisnahen Tipps der gängigen Ratgeber artig auswendig gelernt, um sie dann stolz und lückenlos den Personalchefs vorzutragen. Die zeigten sich zuerst erfreut über die unverhofft große Zahl an Traumkandidaten, bis ihnen dann doch der immer gleiche Wortlaut verdächtig vorkam. So ist es heute kein Geheimnis mehr, dass gut und gerne an die 90 Prozent aller Bewerber, nach ihren Schwächen befragt, mit »Ungeduld« antworten. Und falls mehr als ein Makel verlangt wird, folgt in der Mehrheit aller Fälle auf Platz zwei »zu genau sein«.

Um nicht die Katze im Sack zu kaufen und den Maulhelden auf den Leim zu gehen, gehört die Ressource Mensch als entscheidender Erfolgsfaktor erst einmal akribisch durchleuchtet und auf seine Tauglichkeit getestet. Für diesen Zweck nehmen immer mehr Unternehmen das Assessment-Center, auch AC, in ihr Auswahlprogramm auf, das hieb- und stichfest Aufschluss darüber geben soll, wer es denn nun wirklich drauf hat. Vergleichbare Auswahlmodelle wurden bis in die siebziger Jahren ausschließlich vom Militär verwendet und entwickelt. Dann kam IBM und hat als erster Konzern in Deutschland das AC eingesetzt. Der zeitgleiche wirtschaftliche Aufstieg des Unternehmens führte zu dem Schluss, dass die Gründe dafür in deren Personalauswahl zu suchen seien. Diese Logik fand viele Anhänger und das AC wurde zur Erfolgsformel der Mitarbeiterauswahl. Ob Opel, Aldi, die Bundeswehr, Mövenpick oder Dr. Oetker, kaum einer der Großen will noch darauf verzichten.

Das AC dient »zur qualitativen Feststellung von Verhaltensleistungen bzw. Verhaltensdefiziten«, wie Wolfgang Jeserich in *Mitarbeiter auswählen und fördern* schreibt. In einer Art Generalprobe soll eine Hand voll Bewerber zukünftige berufliche Situationen und Herausforderungen simulieren. Das Treiben wird von eigens dafür psychologisch geschultem Personal messerscharf beobachtet, vielschichtig analysiert und schonungslos beurteilt. Defizite und Stärken, so der allgemeine Glaube, gelangen dabei schonungslos ans Tageslicht,

Schaumschläger werden rigoros aussortiert. Wer mit Lücken in Kommunikation und Eigenpräsentation startet und wem Unsicherheiten und Hemmungen im Weg stehen, der befindet sich hier auf Glatteis. Da hilft auch der gut gemeinte Ratschlag nichts, sich ganz natürlich zu verhalten und unter allen Umständen man selbst zu bleiben. Das ganze Spektakel kann von ein paar Stunden bis zu zwei Tagen dauern, in denen sich gruppendynamische Übungen wie Rollenspiele, Psychotests und Verhaltensexperimente nahtlos aneinander reihen. Selbst der belanglose Smalltalk über Wetter und Wochenende beim gemeinsamen Mittagessen in der Firmenkantine wird zur Kür, die es zu meistern gilt. Hier wie da gilt: Wer zittert, sich raushält, mit Empörung reagiert, den zugeteilten Teamkollegen links liegen lässt oder gar in Tränen ausbricht, ist disqualifiziert.

Um die Auslese mit Bravour zu meistern, ist also eine umfangreiche Vorbereitung unverzichtbar. Für ausreichend Anleitung ist schon gesorgt: Die Sparte »Erfolgreich bewerben« ist um mehrere Ratgeber aufgestockt worden, die sich dem Training und der überzeugenden Präsentation der gewünschten Soft Skills widmen: »Wie wäre es mit einem Schwätzchen mit dem Tankwart (Übungspunkt Smalltalk)« und »Auch beim Kauf von Klamotten können Sie üben: Nämlich Verhandlungsgeschick«, »Einfühlungsvermögen« wiederum »können Sie besonders gut mit jemanden trainieren, den Sie schon gut kennen, zum Beispiel mit einem Freund oder einer Freundin«, empfiehlt der Ratgeber *Mit Soft Skills mehr erreichen.* »Verkaufen Sie sich! Seien Sie interessant, witzig und kommunikativ. Hemmungslos Sie selbst sein können Sie wieder, wenn Sie endlich wieder Ihr heimatliches Sofa erreicht haben«, treibt einer von *111 Tipps für Frauen im Beruf* die Fähnchen-im-Wind-Nummer weiter auf die Spitze.

So absurd diese Griffe in die Soft-Skills-Trickkiste auch sein mögen, der Bewerber nimmt sie dankbar an, denn er weiß: Wer den Parcour erfolgreich meistern will, sollte bereits auf den ersten Blick unmissverständlich erkennen lassen, dass er mit reichlich Soft Skills gesegnet ist. Die paar Tage oder Stunden der Auslese sind dabei nur der Startschuss. Hat man den Job bekommen, wird man halten müssen, was man versprochen hat, und jeden Tag aufs Neue den rhetorisch brillanten, teamfähigen, motivierten, zielsicheren und selbstbewussten Mitarbeiter geben müssen.

Der konforme Charakter

Die Konsequenz all dessen ist ebenso erschlagend wie erschreckend. Heraus kommt der dressierte Wunschkandidat: Er ist mobil, und da tut es nichts zur Sache, dass der Junge in Wahrheit schon immer ein Stubenhocker war. Er arbeitet bevorzugt interdisziplinär, obwohl sein Interesse von Kindesbeinen an ausschließlich Molekular-Chemie galt. Er liebt die Arbeit im Team, selbst wenn er schon immer Einzelgänger war und mit zunehmendem Alter mehr und mehr Gefallen an dieser Rolle gefunden hat. Und er überzeugt als souveräner Meister der Präsentation, auch wenn er sich Zeit seines Lebens davor gedrückt hat, Gedichte vor der Klasse, Fürbitten in der Sonntagsmesse und Referate im überfüllten Seminarraum vorzutragen.

Persönlichkeit als eine Summe individueller Veranlagungen und Eigenarten, Fähigkeiten, Begabungen und Schwächen ist nicht länger eine Frage der individuellen Prägung, sondern des guten Willens. Sie wird trainierbar, formbar und wandelbar und hat schließlich so zu sein, wie es heute im Beruf verlangt wird und als unverzichtbar gilt. Was zählt, ist eine gute »Performance«. Da ist dann eben derjenige der Dumme, der nicht gelernt hat, sich verheißungsvoll zu geben und als angenehmer »social skilled« Bewerber und Kollege von sich reden zu machen.

Der stromlinienförmige Mitarbeiter findet nichts dabei, das Klischee des »Soft skilled« Menschen in Reinkultur bis in die kleinsten Ecken vorgabengetreu auszufüllen. Die vielen kleinen Abziehbilder des selbstverliebten Prototyps vermehren sich täglich, ihn zu übersehen und zu überhören ist auf Grund seines kommunikationsstarken und dynamischen Auftretens eher schwierig. Er begegnet einem in Unternehmensgängen, Bildungseinrichtungen und Besprechungszimmern.

Die irrsinnige Überbetonung der Soft Skills hat einen Mitarbeitertypus herangezüchtet, der sich vor allem aus taktischen Gründen so kommunikationsstark, flexibel und teamfähig gibt und damit stumpfsinnig und plakativ die gefragten Qualitäten im Maßstab 1:1 umsetzt. Ohne Variationen, ohne Eigensinn und Persönlichkeit. Dass es so etwas gibt wie Gewachsenes, wie Identitäten, die nicht beliebig modifizierbar sind, mit denen sich das Neue mischt, davon will die-

ser Typus Mitarbeiter nichts wissen. Er liefert Verhalten und Eigenschaften »nach Bedarf« und »auf Anfrage«. Seine Persönlichkeit
stellt er aus dem aktuellen Sortiment der gefragten Eigenschaften zusammen: »Teamfähigkeit der Renner der Saison, greifen Sie zu!
Wegen der großen Nachfrage Mobilität und Flexibilität im Doppelpack!«

Auch die Hoffnung, dass der Einfluss der Soft Skills die Ära einer
angenehmeren Art Mensch in der Arbeitswelt einläutet, bleibt uner-
füllt. Der aalglatte Karrierist, der in Rekordzeit sein Studium hinter
sich gebracht hat, wird an der sozialen Hürde ebenso wenig scheitern wie der egomane Ingenieur mit den spitzen Ellbogen, und auch
der cholerische und launische Chef wird wegen der Soft Skills nicht
zum Auslaufmodell. Sie bleiben weiterhin im Rennen um Macht,
Einfluss und Erfolg. Dass man ihnen ihre Macht nicht mehr auf den
ersten Blick ansieht, macht es nicht einfacher. In ihrem sozialverträg-
lichen Soft-Skill-Pelz operieren sie jetzt aus der Deckung heraus und
mit subtilen Mitteln und Methoden, um vorwärts zu kommen. Für
Intrigen und Seilschaften, Hetzerei und Mobbing lässt die moderne
Arbeitswelt nach wie vor genügend Raum.

Doch der serienmäßige Mitarbeitertypus von der Stange steht
nach wie vor auf dem Wunschzettel der meisten Unternehmen ganz
oben. Längst hat sich ein eigenständiger Berufszweig etabliert, der
sich darauf spezialisiert hat, dem lernwilligen und Besserung gelo-
benden Mitarbeiter die neuen Fähigkeiten und Eigenschaften wie
Rhetorik, Körpersprache oder Selbstmotivation im Schnellverfahren
einzuimpfen, gerne auch auf Kosten der Firma.

Unterschiede erwünscht

Wo bleiben die angeblich so beliebten Querdenker, mit den markan-
ten Brüchen im Lebenslauf und den ungewöhnlichen Biografien, die
ihre Fähigkeiten und Begabungen, ihre Ecken und Kanten zugunsten
einer Soft-Skill-basierten Karriere noch nicht völlig abgeschliffen haben? Statt den dynamischen Opportunisten den Hof zu machen,
muss das Interesse wieder den Unangepassten und fachlich qualifizierten Eigensinnigen gehören, die sich vielleicht nicht so bravourös

vermarkten können, dafür aber von dem uniformen Bewerber-Einheitsbrei wohltuend unterscheiden. Die nicht vollgestopft sind mit tugendhaften Kategorien wie Flexibilität, Teamgeist und Kreativität. Die nicht dressiert und zurechtgestutzt sind und nicht davon zu überzeugen sind, dass der moderne und risikobereite Mitarbeiter jede Idee und Vision mit einem »Warum nicht?« zu kommentieren hat, statt ein zweiflerisches »ja, aber« einzuwerfen.

Unternehmen sollten sich wieder verstärkt um die Mitarbeiter bemühen, die schlichtweg eine Arbeit suchen, die ihrer Begabung und ihren Fachkenntnissen entspricht. Es gibt diese Leute, doch manch einer von ihnen verkauft lieber Brötchen oder fährt Taxi, entweder weil er an der alles entscheidenden Soft-Skill-Hürde scheitert, oder weil er schlichtweg nicht bereit ist, im Beruf das ewig favorisierte Persönlichkeitsbild vorzutäuschen, das ihm nicht im Geringsten entspricht. Es gibt fachlich hoch qualifizierte Menschen, die keine Lust haben sich zu verbiegen, und das ist durchaus nachvollziehbar.

Und dabei brächten sie eine Menge neuer Fähigkeiten und Talente mit, auf die die Unternehmen angewiesen sind, wollen sie nicht immer dieselben Denkstrukturen, Arbeitsprozesse und Lösungsansätze von den immer wieder gleichen Mindmappingkritzeleien an Flipcharts oder auf Konzeptpapieren ablesen. Gerade Innovation und Kreativität, neue unkonventionelle Lösungsversuche, die heute an allen Ecken und Enden gefragt sind, brauchen Verschiedenheit und Vielfalt und Widersprüche und Reibung. »Jedes Unternehmen muss nicht nur die Tatsache erkennen, dass jeder Mitarbeiter verschieden ist, es muss aus diesem Unterschied Kapital schlagen«, schreiben Marcus Buckingham und Donald O. Clifton in ihrem Buch *Entdecken Sie Ihre Stärken jetzt!*

Natürlich gibt es ohne Zweifel auch Menschen, deren Wesen sozusagen von Haus aus flexibel ist, die Abwechslung brauchen und Herausforderungen suchen. Menschen, die sich blitzschnell an immer wieder neue Umstände anpassen und sich mit ihnen anfreunden, die ein beachtliches Geschick im Umgang mit anderen Menschen beweisen, Stetigkeit und Verbindlichkeit als Routine und Einschränkung empfinden und mit einem bemerkenswert geringen Maß an Stabilität und Sicherheit auskommen. Sie sind belastbar, nur schwer zu überfordern und brauchen das Risiko und Unvorhersehbare, nicht weil sie dazu genötigt sind, sondern weil es ihrem Naturell entspricht. Dagegen gibt es nicht das Geringste zu sagen, diese Leute sind ohne Zweifel gut zu gebrauchen und es gilt, sie ihrer Begabung gemäß einzusetzen und ihre Fähigkeiten zu fördern.

Aber die Mehrheit der Bevölkerung und damit der Mitarbeiter und Bewerber wird sich durch andere Qualitäten auszeichnen: Da gibt es zum Beispiel den ehrgeizigen Einzelkämpfer mit präziser Beobachtungsgabe, den sozialphobischen Netzwerkprofi mit erschlagendem Überblick, den schüchternen Doktor der Gesellschaftswissenschaften mit dem routinierten Organisationstalent. Es gibt Menschen, die eher skeptisch, analytisch oder zurückhaltend sind, die genau beobachten, statt sofort nach vorne zu preschen, die abwägen und zögern. Und auch das sind Begabungen und Talente, die es zu fördern gilt und die ebenso dringend gebraucht werden wie die bejubelte Soft-Skills-Riege.

Solche Fähigkeiten sind kein Handicap und schon gar kein Manko, und es macht wenig Sinn, sie mühsam »abzutrainieren«. Auf Mitarbeiter mit solchen Qualitäten kann ein Unternehmen nur bis zu einem gewissen Grad verzichten. Das Verstehen von Zusammenhängen, das Abwägen und die gesunde Skepsis vor Veränderung schützen nämlich vor übereilten Beschlüssen und tragen dazu bei, das Sinnvolle und Nützliche zu bewahren.

In diesem Zusammenhang spielt auch das Alter des Mitarbeiters eine gewichtige Rolle. Laut Bundesanstalt für Arbeit gibt es heute in 60 Prozent der deutschen Unternehmen keine Mitarbeiter über 50 Jahre mehr, ein Zustand, der angesichts der steigenden Überalterung der Gesellschaft geradezu absurd ist. Ihr solides Fachwissen und ihr umfangreicher Erfahrungsschatz werden vorschnell als überholt abgetan; sie selber werden als unbeweglich verurteilt. Es hat beinahe den Anschein, als seien die »weichen« Fähigkeiten unlösbar mit dem Bild von Jugendlichkeit verbunden. Dass das Ende des Jugendwahns zumindest in der Arbeitswelt indes unvermeidbar ist, wird immer öfter deutlich. Meist aber erst dann, wenn man schmerzhaft erkennen muss, dass auch das eben noch taufrische und »anwendungsorientierte« Wissen der jungen Dynamiker sich schnell als veraltet und unbrauchbar herausstellt, und sie darüber hinaus wenig brauchbare Kenntnisse und Erfahrungen vorzuweisen haben, auf die man zurückgreifen könnte.

Es lohnt sich für jedes Unternehmen, mit etwas mehr Geduld und Spucke den Schweigsamen und Schüchternen ihre Ideen zu entlocken, von dem Erfahrungswissen der Älteren zu profitieren und den Unangepassten ihren Freiraum zu lassen. Doch in einem ganz auf Soft Skills ausgerichteten Auswahlverfahren werden die Bewerber nach den immer wieder gleichen Stärken abgetastet, der Rest bleibt im Dunkel. Kenntnisse, Fähigkeiten und Eigenschaften, die nicht abgefragt werden und in zwei Tagen Assessment-Center nicht immer ans Licht kommen werden – wie Gewissenhaftigkeit, Verlässlichkeit, Disziplin, Erfahrungswerte, Ausdauer, Loyalität, Voraussicht oder Behutsamkeit – fallen unter den Tisch. Im gleichen Maße, wie man Soft Skills wie Kontaktfreude, Teamgeist oder Risikobereitschaft bejubelt, bestraft man Zurückhaltung, Voraussicht oder Zögerlichkeit und sortiert qualifizierte Bewerber aus, die Startschwierigkeiten haben und ein paar Wochen und Vertrauen zu Klima und Personen bräuchten, um »aufzutauen«. Darüber hinaus scheint die wissenschaftliche Absicherung vieler ACs mittlerweile mehr als fragwürdig: Statt kompetenter Psychologen erklärt sich nicht selten der Personalvorstand für die Observation und Beurteilung der Kandidaten zuständig. Die vorgelegten Aufgaben werden maßgetreu aus der gängigen Literatur abgekupfert, ohne sie mit den spezifischen Anforderungen des Unternehmens abzugleichen, wie Christoph Matthias Hühnerbein-Sollmann in seiner Untersuchung festgestellt hat.

Um die »wahren Qualitäten« der Mitarbeiter zu erkennen, braucht es vor allem Zeit und Gelegenheit, diese unter Beweis zu stellen. So ist selbst bei den High Potentials, der Crème de la Crème unter den begehrten Mitarbeitern, wie eine Studie von Kienbaum Consulting belegt, das gewöhnliche Praktikum nach wie vor das wirksamste Werkzeug, um geeignete Mitarbeiter zu finden, und als Auswahlinstrument steht nach wie vor das Interview auf Platz eins. Was der Mitarbeiter wirklich kann und wie schnell er in der Lage ist, neue Kenntnisse zu erwerben, Fähigkeiten zu entwickeln und sich den Anforderungen der Arbeit zu stellen, wird sich immer erst bei der Arbeit selbst, in der Probezeit, in einem Traineeprogramm oder einem Praktikum zeigen.

Es sprechen gute Gründe dafür, sich mit dem Interview zu begnügen und den Mitarbeiter zu ermutigen, seine Schwächen und Talente mitzuteilen und ausführlich über seine Erfahrungen, Kenntnisse und Form des Arbeitens zu sprechen. Doch Vorsicht ist dabei geboten, den persönlichen Eindruck zum Maßstab zu machen. Denn wie eine Studie des Instituts für Arbeits- und Gesundheitspsychologie der Freien Universität Berlin zeigt, spielt die Sprechzeit des Bewerbers – unabhängig von dem Inhalt – für seine Beurteilung eine entscheidende Rolle: Je länger er sprach, um so erfolgversprechender und positiver wurde der Kandidat eingeschätzt.

Das Büro Mair u. a. lässt Raum für die Eigenarten der Mitarbeiter und fördert die Unterschiedlichkeit ihrer Leistung und Fähigkeiten, die ebenso vielfältig sind wie die Aufgaben, Anforderungen und Ziele der Arbeit selbst. Nach einer ordentlichen Bewerbung und einem ganz normalen Gespräch, in dessen Mittelpunkt die fachliche Qualifikation steht, folgt meist eine Probezeit, in der wir uns bemühen, die Fähigkeiten und Kenntnisse des Mitarbeiters herauszuschälen. Wer seine Persönlichkeit für sein berufliches Weiterkommen ummodelt, kann für solcherlei taktisches Kalkül nicht mit Lob und Anerkennung von unserer Seite rechnen.

Frauen bevorzugt

Die Gleichberechtigung der Geschlechter wird erst dann erreicht sein,
wenn mittelmäßige Frauen hohe Ämter bekleiden.

Françoise Giroud

Von Copyright und Corporate Identity

Die erdrückende Mehrheit der weichgespülten Opportunisten, die man heute in der Unternehmenslandschaft findet und die das Klischee vom dynamischen und emotional gewieften Siegertypen zum Besten geben, ist männlichen Geschlechts. Insbesondere Männer folgen bereitwillig dem karriereförderlichen Mainstream und zeigen sich nur allzu empfänglich für die Tipps und Tricks der Selbstvermarktung, die sie dankbar nachplappern und zur Corporate Identity ihres Erscheinungsbilds und ihres Verhaltensrepertoires erheben. Das mag daran liegen, dass sie sich historisch gesehen schon länger als Frauen in dem Revier Arbeitswelt herumgetrieben haben und daher ausreichend Zeit hatten auszuloten, wie man sich taktisch möglichst wirkungsvoll in Szene setzt. Daraus resultiert auch die eher unter Männern als unter Frauen verbreitete Erkenntnis, dass es nie falsch sein kann, dem aktuellen Prototyp des beruflichen Erfolgsmenschen zu folgen, wenn man weiterkommen will.

Und so sind derzeit noch immer jede Menge Männer damit beschäftigt, die autoritäre Jacke, das rationale Denken und die sachliche Argumentation (das Sortiment des letzen Jahrhunderts) abzustreifen, um sich mit Soft Skills wie Teamgeist und Sozialkompetenz ein zeitgemäßes Erscheinungsbild zu verleihen.

Die Mehrheit der Arbeitstypus-Kollektion wurde vornehmlich für Männer maßgeschneidert. Das Angebot für die gewachsene weibliche Kundschaft zeigt sich hingegen reichlich spärlich, die meisten »Outfits« baumeln seit Jahren unbeachtet auf der Stange: Außer der reichlich muffigen Melitta-mein-Tag-hat-30-Stunden-Power-Frau, der Drei-Wetter-Taft-heute-hier-morgen-dort-Überfliegerin, dem schizoiden Mutter-Hausfrau-Geliebte-Boss-alles-eine-Frage-der-Oranisa-

-sation-Superweib und der verhärmten Singlefrau, die Familie und Freizeit opfert und ohne Rücksicht auf Verluste die Karriereleiter erklimmt, gibt der Markt an vorgestanzten, berufstauglichen Rollenbildern nach wie vor nicht viel her.

Dass, wie so oft, der männlichen Gattung der Vorzug gegeben wurde und man sich hingebungsvoll ganz deren Allround-Selbstvermarktung gewidmet hat, ist allerdings ein Glücksfall. Der Mangel an eindimensionalen Vorbildern für den weiblichen Berufsmarkt erspart es den Frauen, sich in ein schlecht sitzendes Klischee zwängen zu müssen. Und so macht sich die Mehrheit der Frauen daran, aus allerhand verfügbaren Versatzstücken und unterschiedlichen Quellen ihre tragbare berufliche Identität selbst zu schneidern. Das Ergebnis kann sich sehen lassen: Im Gegensatz zu dem stromlinienförmigen Typus, der vielen Männern im Beruf als Prototyp dient, bietet das berufliche Profil von Frauen weitaus mehr Konturen, Ecken und Kanten und Nuancen, die Unterschiede, Eigenarten und Persönlichkeit durchscheinen lassen.

Das Fehlen einer schablonenförmigen Vorbilds- und Idealkultur hat sich zum Vorteil entwickelt und so zeigt sich die weibliche Klientel als anspruchsvoll und wenig empfänglich für Klischees und Prototypen. Wenn »Diversity«, also die Unterschiedlichkeit von Mitarbeitern, heute von der Theorie als unumgänglicher Erfolgsfaktor eines Unternehmens postuliert wird, um auf die Vielfalt und Komplexität der Märkte zu reagieren, dann findet sich diese »Unterschiedlichkeit« vor allem bei Frauen. Hier gibt es sie noch: Die Patente, die Originale und das Einzelexemplar.

Schablone »weibliche Qualitäten«

Seit mehr als einem Jahrzehnt werden immer wieder neue Theorien aus dem Boden gestampft und Parolen getextet, die unmissverständlich das »Jahrtausend der Frau« ankündigen. Als Motor des aktuellen Aufruhrs gilt die veränderte Lage am Arbeitsmarkt. Die Propaganda selbst folgt der üblichen Logik: Eine wissensbasierte Wirtschaft schafft neue Arbeitsformen und Inhalte, die nach neuen Qualitäten verlangen, die als Soft Skills ausgemacht sind.

Als Gegenbild der bevorstehenden »weiblichen Ära« wird die vergangene, nach rationalen Maßstäben organisierte und mit hierarchischen und patriarchalen Strukturen durchzogene Arbeitswelt heraufbeschworen, in der sich alles um Autorität, Herrschaft, Macht und Kontrolle drehte. Wer hier weiterkommen wollte, tat das am besten als gefühlskalter Einzelkämpfer mit sachlichem Verstand und berechnender Logik. Diese Arbeitswelt befände sich in ihren letzten Zügen, lässt man verkünden, die vergangenen Jahrzehnte lässt man aus dramaturgischen Gründen gleich ganz aus und so zeigt sich die neue, »frauengerechte« Arbeitswelt dann umso eindrucksvoller und mit dem nötigen Kracher-Effekt.

Heute nämlich ist eine ganz neue Wirtschaftswelt im Entstehen, die auf zwischenmenschlichen Umgang und Austausch angewiesen ist und die ganz speziell an Frauen appelliert, für die die neue Arbeitswelt fast eine Art Heimspiel darstellt. Statt sich nämlich diese »weichen Fähigkeiten« wie Einfühlungsvermögen, kommunikatives Geschick oder Teamorientierung erst mühsam antrainieren zu müssen – wie ihre männlichen Mitstreiter es derzeit tun –, bringen Frauen solche Qualitäten bereits von Haus aus mit. Als Profis der Gefühle und routinierte Emotionsmanager konnten Frauen ihre »weiblichen Fähigkeiten« seit Menschengedenken im Kollektiv immer weiter verfeinern und im Privaten und Familiären hinreichend unter Beweis stellen. Nun werden sie Dank dieses beachtlichen Vorsprungs das »Jahrhundert der Frauen« einläuten.

Es mögen sich durchaus Gründe für die Behauptung finden lassen, dass Frauen, stark verallgemeinernd gesprochen und oberflächlich betrachtet, Männern »in Sachen Gefühl und Zwischenmenschlichkeit« voraus sind. Diese Eigenschaften aber generell unter dem Etikett »Weiblich« einzusortieren, ist problematisch. Sie dann als die große Lösung für den aufklaffenden Bedarf der Unternehmen anzupreisen, ist zwar verführerisch, aber nicht ohne Risiko.

Es animiert zu einer Spaltung in »männlich« und »weiblich« und gipfelt in der Dichotomie: Verstand gegen Gefühl, Autorität gegen harmonisches Miteinander, Logik gegen Intuition. Der Mann ist dann der kühle Stratege und analytische Denker, er handelt Verträge aus, boxt Entscheidungen durch und präsentiert Bilanzen. Der Frau bleibt als Einsatzgebiet indessen die »Beziehungsarbeit«, ihre Werkzeuge sind Emotionen: Sie »kümmert« sich um zwischenmenschliche Belange, sorgt für Harmonie im Team, schlichtet Konflikte, organisiert und motiviert Gruppen, fördert den Austausch, verpackt Botschaften, leitet sanft an und gibt Feedback. »Was wohlmeinende Studien zum weiblichen Führungsverhalten als Stärke attestieren, grenzt in vielen Fällen eher an eine sexuelle Deformation. Sanft, einfühlsam und teamorientiert lassen sich Frauen immer noch mit den Krümeln von den Tellern der Macht abspeisen«, schreibt Barbara Bierach in *Das dämliche Geschlecht*. Fähigkeiten und Eigenschaften wie Disziplin, Ausdauer, Durchsetzungsvermögen oder Zielstrebigkeit bleiben im Spektrum der vermeintlich weiblichen Tugenden meist unbeachtet. Genau wie die Tatsache, dass der weibliche Teil der Bevölkerung inzwischen der besser ausgebildete ist und diese Überlegenheit sicher auf andere Qualitäten zurückzuführen ist als nur auf soziales Fingerspitzengefühl und Harmoniestreben.

Den Sinn und Zweck, den Frauen in der Arbeitswelt zu erfüllen haben, derart festzulegen, beschneidet die Vielfalt und das Ausmaß ihrer Kompetenzen und Fähigkeiten, indem sie pauschalisiert und über einen Kamm geschert werden: Frauen bekommen einen Platz zugewiesen, an dem sie ihre »weiblichen Eigenschaften« zum Einsatz bringen können, ihr »Verwendungszweck« ist bereits vorgeschrieben. Wo »weibliche« Qualitäten nicht gefragt sind, so der Umkehrschluss, mangelt es an signifikanten Gründen, Frauen statt Männern den Vorzug zu geben.

Je mehr dieser spezifischen Erwartungen an das Verhalten von Frauen formuliert werden, umso stärker haben diese mit Problemen zu rechnen, falls sie von der Verhaltensschablone abweichen: So die Vorgesetzte, zu deren Aufgaben es auch gehört, von ihrer Autorität Gebrauch zu machen und Entscheidungen notfalls auch gegen den Willen ihrer Mitarbeiter durchzusetzen, oder die hoch qualifizierte Wissenschaftlerin, die mit ihrem kühlen Kopf und sachlichen Verstand statt mit Intuition beeindruckt. Zugleich werden die »weiblichen Fähigkeiten« zum Argument umgezimmert, auf das die Frauen zurückgreifen, um ihren Einsatz zu »rechtfertigen«: »Frauen betonen ihre sozialen und kommunikativen Kompetenzen, (…) fügen sich in das Schema ein und verweisen auf ihre besonderen weiblichen Fähigkeiten, um ihre Beteiligung an der Macht – sofern sie es überhaupt so weit geschafft haben, zu legitimieren.« So die Beobachtung der Studie *Frauen und Macht* der Unternehmensberatung Accenture, für die über 80 Frauen in Führungspositionen befragt wurden.

Diese Studie zeigt auch, dass es eben nicht, wie man meinen könnte, die so häufig postulierten »weiblichen Fähigkeiten« sind, mit deren Einsatz Frauen beruflich weiterkommen. Sie mögen zwar als Schlüsseleigenschaften verkauft werden. Den Schlüssel zu den Türen der oberen Etagen liefern sie jedoch nicht. Stattdessen nennen die in der Untersuchung befragten Frauen als typisch männlich populär gewordene Eigenschaften wie »strategische und analytische Fähigkeiten« und »Entschluss- und Durchsetzungskraft« als Attribute einer Führungskraft, während die als »weiblich« ausgemachten Tugenden wie Teamgeist, Einfühlungsvermögen oder diplomatische Fähigkeiten die hinteren Ränge belegen. Auch hier zeigt sich eine gefährliche Umkehrung: Die Dominanz der als »männlich« wahrgenommenen Eigenschaften verleitet zu der Argumentation, dass Männer aufgrund ihrer Eigenschaften für die Rolle der Führungskraft also besser geeignet sind als Frauen.

Am Ende dieser Logik findet man säuberlich voneinander abgegrenzte männergerechte und frauengerechte berufliche Einsatzgebiete. Frauen werden für die Branchen und Bereiche zuständig erklärt, in denen es auf Kommunikationsstärke und soziale Kompetenzen ankommt. Und sie dürfen sich in den unteren Hierarchieebenen herumtreiben, wo nicht der kalte Wind der Macht weht und sie »menschlich« bleiben dürfen. Männer wiederum besetzen in sachlichen und rationalen Branchen – unabhängig von der Sparte – die einflussreichen Positionen. Zugleich ist in den Berufsfeldern und Branchen, in denen der Frauenanteil steigt, allgemein eine Geringschätzung und Abwertung zu beobachten. Dort sinken Prestige und Einkommen, die Männer wandern ab, wie es für den Verkauf, für die sozialen Berufe, für das Berufsbild der Sekretärin und bisweilen auch für die PR-Branche gilt.

Eine Frage der Technik

Bevor man eine neue Ära der Frauen ausruft, sollte man sich erst einmal intensiv der Umsetzung des Artikels 3 Absatz 2 des Grundgesetzes widmen, welcher lautet: »Männer und Frauen sind gleichberechtigt«. Es gibt nämlich noch allerhand zu tun, wie die Studie von Accenture offenlegt: Der Frauenanteil in den obersten Etagen der Unternehmen liegt in Großkonzernen bei fünf Prozent, bei Mittelständlern bei acht Prozent, bei hochdotieren Hochschulprofessuren bei 6,3 Prozent. In keinem der deutschen Dax-Unternehmen sitzt eine Frau im Vorstand, der Gesamtanteil an weiblichen Führungskräften ist europaweit rückläufig.

Eine unverhofft emporschießende Frauen-Power-hoppla-jetzt-kommen-wir-und-zeigens-euch-Revolte ist nicht in Sicht. Berufliche Gleichberechtigung wird sich demnach weder durch Geisterhand wie von selbst einstellen, noch im Hau-Ruck-Verfahren durch den laut werdenden Bedarf an »weiblichen Eigenschaften« zutage gefördert werden. Wer dennoch nicht vom Glauben an den großen Durchbruch lassen will und sich die Zeit bis dahin damit vertreibt, abends auf dem Sofa sehnsuchtsvoll in Frauen-Power-Büchern zu schmökern und sich als Vorankündigung auf die große, weibliche Ära schon mal vorsorglich »Zicke« aufs T-Shirt drucken lässt, ist genau genommen eine Luftnummer, das ganze Getue nicht mehr als eine leere Geste. Bereits das Wort »Powerfrau« hat einen unangenehmen Beigeschmack. Wird dieses Etikett doch vornehmlich Frauen verliehen, die eigenständig oder zumindest ohne Zutun eines Mannes Erfolge verzeichnen. Während Männer, die alleine oder unter ihresgleichen Vergleichbares leisten, sich keineswegs mit der Auszeichnung »Powermann« schmücken dürfen. Es stellt sich also die berechtigte Frage, ob diese Frauen eventuell eine doppelte Portion »Power« gebraucht haben, um den »fehlenden« Mann auszugleichen.

Dass sich immer wieder Nischen auftun, die zeigen, dass es auch anders geht, darf nicht darüber hinwegtäuschen, dass die neue Arbeitswelt mit ihrem Bekenntnis zu flachen Hierarchien, Teamarbeit oder Selbstständigkeit weitgehend von Männern ausgeheckt, umgesetzt und angeführt wird. Und auch hier gibt es sie nach wie vor: Die subtilen Widerstände, die eingefahrenen Gewohnheiten und dämlichen Klischees, die Frauen den Aufstieg verstellen.

«Eine von Männern dominierte Kultur» identifizierten auch die von Accenture befragten Frauen in Führungspositionen als das größte Karrierehindernis. Zugleich sei es unumgänglich, sich dieser Kultur anzupassen und die dafür nötigen Strategien parat zu haben. Wer die mehr oder weniger subtilen Spielregeln nicht befolgt, wird es schwer haben, denn hoch hinaus kommt man ohne sie nicht.

Der »bessere Mann« im Beruf zu sein bleibt dennoch eine wenig attraktive Vorstellung. Doch haargenau in diese Kerbe schlagen die immer wieder neu aufgelegten Rezepte der Sparte Frau & Beruf. Darin geht es, wie kaum anders zu erwarten, nicht um Frau und Job, sondern um den Mann. Ob als Vorbild, Feindbild oder Buhmann, auf ihn gilt es zu reagieren, an ihm hat man sich zu orientieren. Der männliche Kollege und Vorgesetzte als das ausgemachte Zentrum und die Zielscheibe, an der das eigene Verhalten auszurichten und zu messen ist. Die Mehrzahl der praxisnahen Frauenratgeber würde aus leeren Seiten bestehen, wenn man all die Passagen streichen würde, in denen es direkt («Warum lügen Männer?») oder am Rande («Männer überschätzen sich, Frauen unterschätzen sich») um das männliche Geschlecht geht.

Zerstörung und Montage

Dass es aus taktischen Gründen bislang unvermeidbar ist, sich der durch männliche Normen geprägten Arbeitswelt anzupassen, darf jedoch nicht zu der Annahme verleiten, dass die männerdominierte Kultur der Weisheit letzter Schluss wäre. So kann es auch nicht darum gehen, unablässig Strategien zu entwickeln, wie man denn nun den Kerlen am besten beikommt oder gar zu ihrem Ebenbild wird.

Auch jeder Unternehmer, der den lange unterschätzten Wert der »Reserve« Frau erkannt hat und ekstatisch bejubelt, kommt nicht umhin, erst einmal gründlich vor der eigenen Tür zu kehren. Und das umso dringender, als Deutschland, gemessen an der Repräsentanz von Frauen in den Führungsetagen, im europäischen Vergleich weit zurückliegt und es sich zum wirtschaftlichen Nachteil auswächst, mit einer rein männlich dominierten Kultur den Anforderungen des Marktes gerecht werden zu wollen. Aber um mehr Frauen in die Unternehmen zu locken und an diese zu binden, sind vor allem Bedingungen zu schaffen, die es ihnen ermöglichen, ihrer Arbeit ungehindert nachgehen zu können. Kinder, für die nun einmal immer noch mehrheitlich Frauen zuständig sind, sind nach wie vor der Knotenpunkt, und so ist das vollmundige Versprechen der Unternehmer, »weibliche Talente« fördern zu wollen, ohne sich der Frage der Kinderbetreuung zu stellen, paradox.

Was die interne Kultur und Organisation der Unternehmen angeht, erwarten die meisten von ihren weiblichen Mitarbeitern mit einer bisweilen ignoranten Selbstverständlichkeit, dass sie sich in die männlich geprägte Kultur des Unternehmens nicht nur einordnen, sondern sich ihr auch immer wieder unterordnen. Und das umso mehr, je weiter die Frauen beruflich kommen wollen und je höher die Stufe ist, auf der sie bereits stehen. Dabei ist sich die Mehrheit der Frauen über diese »Anpassungsleistung« und die damit abgepressten Zugeständnisse sehr wohl im Klaren.

Jeder Unternehmer, dem an dem Engagement und Zuwachs von weiblichen Mitarbeitern gelegen ist, wird sich mit diesen Tatsachen auseinander setzen müssen. Wenn er als Unternehmer wirklich ein ernsthaftes, wirtschaftliches Interesse an weiblichen Mitarbeitern hat, wird er nicht umhin kommen, ihnen Macht und Einfluss zu geben und ihre Vorstellungen, Eigenheiten und Hintergründe in die Unternehmenskultur zu integrieren: Indem er den Frauen und ihrer Unterschiedlichkeit Platz gibt und ihnen Handlungsräume gewährt, die es ihnen ermöglichen, die männerdominierte Kultur in Frage zu stellen, sie abzuklopfen, vorsätzlich zu stören oder gar zu unterwandern und offen zu legen. Da reicht es nicht, kleine Zellen hochzuziehen, in denen förderungswürdige Frauen dann als behütete Minderheit und mit viel PR-Effekt ihre Vorstellungen einbringen dürfen und ihr eigenes Süppchen kochen sollen, ohne Einfluss auf das Unternehmen und dessen Normen nehmen zu können.

Eine Vielzahl an Gründen spricht dafür, dass eine weniger an männlichen Normen ausgerichtete Kultur des Unternehmens diesem neue Wege eröffnet, es bereichert und vorantreibt. Teilzeitarbeit und«flexible« Arbeitszeiten, die sich mehr und mehr durchsetzen und auch zukünftig weiter etablieren werden, sind beispielsweise eine vor allem von Frauen vorangetriebene Entwicklung.

Zudem könnte eine verstärkt von Frauen beeinflusste Arbeitswelt das zeitraubende und männlich codierte Repertoire an publikumsgieriger Selbstdarstellung und damit die »Was-haste-Was-kannste-Was-biste-Nummer« aus ihrem Programm nehmen. Die Studie von Accenture nennt als die zentralen Motive, die die Frauen mit ihrer Arbeit verfolgen, »eine interessante und anregende Arbeit« mit fast 80 Prozent, gefolgt von »meine Ziele erreichen« und »etwas Sinnvolles tun«. Das Interesse an der reinen Symbolisierung der damit verbundenen Macht, also Motive wie »öffentliche Anerkennung« oder »auf der Siegerseite stehen« sind dagegen sekundär. Bestätigung liefert die Arbeit selbst und die eigene erbrachte Leistung. So könnte sich die Annahme bewahrheiten, derzufolge Frauen weniger darauf angewiesen sind, beklatscht zu werden, und nicht permanent nach einem Publikum verlangen, das ihnen den Spiegel vorhält und ihren beruflichen Erfolg bewundert.

Dinge, Menschen, Projektionen

Vom Werkzeug zum Symbol

Die Ästhetik unserer Tage heißt Erfolg.

ANDY WARHOL

Eine Frage des Geschmacks

Wer heute in einem Unternehmen anfängt, braucht sich vor einem faden, grauen Arbeitsalltag mit blassen Kollegen inmitten von grauen Computern, Einbauschränken, Gummibäumen und Linoleumfußboden nicht mehr zu fürchten: Es gibt ihn nicht mehr. Selbst Behörden geben sich heute in glasverspiegelten, lichtdurchfluteten architektonischen Meisterwerken ein Stelldichein und spröde Bürokratieriesen und Verwaltungsmaschinen wie Versicherungen oder Banken setzen alles daran, mit dem richtigen Ambiente zu punkten.

Wie anders war das noch vor zehn oder zwanzig Jahren. Das normale Arbeitsverhältnis sah so aus, dass der Mitarbeiter eine volle Stelle besetzte, wobei er und das Unternehmen sich nicht selten bis zu seiner Pensionierung die Treue hielten. Zur Anwesenheit verdammt und gezwungen, fünf Tage die Woche an seinem Arbeitsplatz zu verbringen, fasste er den Entschluss, sich seinen Aufenthalt dort – wenn er schon nicht zu vermeiden war – etwas angenehmer zu gestalten und begann, nach und nach all die Dinge in die Unternehmensräume zu tragen, die er zuvor schmerzlich entbehren musste: Die Schnappschüsse von der Familienbande, das Poster des entblößten Erotikstars aus der Heftmitte und die Urlaubsgrüße der Kollegen aus dem Tessin versammelten sich auf dem Schreibtisch oder an der Pinnwand neben dem Arbeitsplan. HSV-Anhänger und Bayernfans trugen bilderstarke Schlachten aus und der Gummibaum wich einer persönlichen Plantage, deren einfühlsame Pflege man nicht länger der Putzfrau überließ, sondern sich selbst widmete. Die zuvor kahlen Wände zierten Kalender mit Traumlandschaften und Kochrezepten, von den Bücherregalen und Aktenschränken gafften Toneulen auf Häkeldecken herunter.

Dann kam die New Economy. Auch wenn ihre einst so verruchtfaszinierende Aura verflogen und die Sage vom Internetfreak, der ohne Abitur, Angst und Anpassung Millionen scheffelte, nur mehr eine Anekdote der Geschichte ist, kann sich ihr größter Verdienst bis heute sehen lassen: Erst durch die New Economy bekam die bis dahin reichlich dröge Arbeitswelt endlich die nötige Prise Sexappeal und die volle Packung »Lifestyle«. War es bis zur Mitte der neunziger Jahre nur den Mythen umwobenen Branchen wie zum Beispiel der Werbung vorbehalten, ihren Arbeitsalltag mit einer erotischen Anziehungskraft zu überziehen, dürfen heute alle mitmachen.

Mit dem Lifestyle hat die Arbeitswelt auch ihr eigenes Sortiment an Produkten und Zeichen hervorgebracht, die längst in Werbespots, Versandkatalogen und Vorabendserien Eingang gefunden haben. Der klobige Becher vom Weihnachtsmarktbesuch, das Foto des Liebsten und die Urlaubspostkarte des Kollegen gehören nicht zu diesem Produktsortiment. Seit die hochstilisierte Arbeitswelt ihre eigenen sinngeschwängerten Zeichen und aussagekräftigen Symbole besitzt, ist für derart simple Accessoires kein Platz mehr.

Das semiologische ABC der Arbeitswelt

Das Großraumbüro ist wieder da und heißt jetzt Loft. Der großräumige, weitläufige und offene Charakter einer solchen Arbeitsfläche unterstreicht, dass kreative Gedanken und große Visionen freien Raum brauchen, um sich auszubreiten und zu entfalten. Wer in zweckmäßigen Grundrissen eng zusammensitzt, gilt im Umkehrschluss als engstirnig und kleingeistig. Lediglich der Garage ist als kleinparzelliger Einheit des Planwohnungbaus ein symbolischer Aufstieg zum Mythos widerfahren.

Je nach Unternehmenskultur wird jedes noch so banale Detail zum bedeutsamen Träger des ausgetüftelten Erscheinungsbilds des Unternehmens verdonnert: Lebensgroße Logos als »Eyecatcher« lassen die Unternehmensphilosophie zur Skulptur werden und auch die Farbe der Wände, deren Mischverhältnis in dem Corporate-Leitfaden genau bestimmt wurde, machen als »Keyvisual« noch einmal jedem klar, wo er sich gerade befindet. Der Empfang für Besucher und Kunden gibt sich aufgeräumt: kein Blätterwald, keine Kalender, keine Notizen auf Schmierzetteln, dafür alles digital gespeichert oder am besten im Kopf: Die Wissensgesellschaft lässt grüßen.

Bereits die Anordnung der Tische lässt keine Zweifel aufkommen: Hier wird in flachen Hierarchien gearbeitet, der selbstverständlich geduzte Chef sitzt fidel mittendrin oder etwas abseits, doch keinesfalls isoliert, in einem Verschlag aus Glas, womit auch das Stichwort Transparenz einleuchtend umgesetzt worden ist und auf der Kontrollliste »Unternehmen mit Zukunft« abgehakt werden kann. In der Küche liegen die Croissantkrümel vom morgendlichen Büfett und auf vielen Schreibtischen steht ein Milchkaffee im Glas. Projektunterlagen mischen sich mit Flyern vom Thai-Imbiss oder Sushi-Lieferservice und der Einladung für die allwöchentliche Afterworkparty. Ein legerer und jugendlicher Schick hat den einst strengen Dresscode verdrängt. Wer in Anzug und Kostüm aufläuft, riskiert, sich lächerlich zu machen. Ein derart konservatives Outfit wird nur dann getragen, wenn ein Termin mit dem Kunden ansteht, und man trotz aller Ungezwungenheit doch lieber auf Nummer sicher gehen will. Ansonsten genießt man das Privileg, ganz ungezwungen im Freizeitdress auf der Arbeit aufzukreuzen.

Das Flipchart – eine Staffelei mit Notizblock im Großformat – im Besprechungszimmer lässt wissen, dass Teamarbeit und Kreativität hier groß geschrieben werden. Hingeschmierte, bunt umkreiste Worte und wilde Pfeile auf dem Deckblatt zeugen vom visuellen »Output« des letzten Brainstormings.

Da bei all der Hektik keine Zeit mehr zum lästigen und trägen Gehen blieb, legten sich einige Unternehmen ganze Fuhrparks von Kickboards zu, eine moderne Variante des Tretrollers für Erwachsene, der unweigerlich mit der modernen Berufswelt verbunden ist und eine Art Business-Sport entfachte. Kein Fortbewegungsmittel bringt die Synthese von beruflich-sportlichem Schwung und zur Schau getragenem Understatement formvollendeter zum Ausdruck. Als Beweis dafür, wie man mit kindlichem Spieltrieb und einfachen

Mitteln ein schnelles Tempo erzeugt, etablierte sich das Gerät als Symbol der New Economy. Erst der junge, unfrisierte Internetfreak, der wie fest verschraubt oben drauf stand, machte das Produkt vollkommen. Seit dem offiziellen Niedergang der New Economy stagnieren auch die Verkaufszahlen des Geräts.

Um sicherzugehen, dass der Mitarbeiter auch in den Abendstunden und an Wochenenden Zugang zum Büro hat, bekommt er feierlich einen eigenen Büroschlüssel überreicht. Doch der Stolz über diese Auszeichnung weicht schnell der bangen Frage: Was nützen einem die Insignien der Selbstständigkeit und der Befreiung von Bevormundung, wenn keiner davon Notiz nimmt? Musste sich der Internetfreak der New Economy anfänglich noch mit einem Schnürsenkel behelfen, haben die hauseigenen Merchandising-Abteilungen vieler Firmen das Problem längst im großen Stil gelöst: Mit dem Unternehmenslogo verzierte Schlüsselbänder werden reihenweise auf den Markt geworfen und großzügig an Mitarbeiter und Businesspartner verteilt. Wie das Kickboard entspringt auch das Schlüsselband dem infantilen Produktsortiment und markiert die Abgrenzung der jungen, dynamischen Berufswelt in Kinderschuhen vom wirtschaftlichen Establishment. Und so baumeln um den Hals des autonomen Arbeitnehmers am bunten Schlüsselband auch die Firmenschlüssel.

Das moderne Unternehmen zeichnet sich durch einen hohen Verschleiß an Hightech-Produkten aus. Neue Technologien sind eben nur genau so lange mit dem Ruf des Neuen, Fortschrittlichen und Innovativen gesegnet, bis sie den Weg zur breiten Masse gefunden haben. So war das Mobiltelefon, mittlerweile als demokratisches Produkt für alle Bevölkerungs- und Altersschichten erschwinglich, zu Beginn seiner Entwicklung durchaus ein taugliches Symbol für Modernität, Fortschritt und der eigenen Wichtigkeit. Inzwischen gilt der als privilegiert, der es sich leisten kann, nicht erreichbar zu sein.

Für das Attribut innovativ und kreativ ist bevorzugt Apple Macintosh zuständig. Daran ändert auch der Entschluss des Herstellers nichts, jetzt lieber mit Massenprodukten für ein sattes Umsatzplus zu sorgen, statt weiter als Lieblingskind und Arbeitsmittel einiger weniger Berufssparten Verluste einzufahren. Wer an einem Mac in die Tastatur haut, feilt nicht an einer faden Kalkulation oder erstellt mühsam Telefonlisten. »Think different« lautet der zum Befehl gewordene Wunsch: Der Mac verlangt nach dem innovativen und kreativen Input schräger Köpfe. Als Instrument adelt er jede Arbeit zur »kreativen Arbeit« und verspricht zugleich die Mitgliedschaft in der legendären, jungen und schöpferischen Szene der Grafiker, Werber oder Webdesigner. Der PC als gesichtsloser und grauer Kasten steht für die Pflicht, der Mac verspricht die Kür. Es ist einfach ihn lieb zu haben, er ist freundlich und je nach Gusto bunt, schlicht oder edel.

Die einzig anerkannte Ausrede, die es entschuldigt, seiner Arbeit nicht an einem Mac nachzugehen, ist der Laptop. (Dass man mit einem PowerBook von Macintosh doppelt punktet, versteht sich von selbst.) Der Laptop kann mit einer ganzen Reihe von Eigenschaften aufwarten, die den, der an ihm Platz nimmt oder ihn mit sich durch die Gegend trägt, als mobil und flexibel empfehlen und als omnipotenten Zeitgenossen ausweisen. Anders gesagt: Der Laptop erlaubt es, Dinge gleichzeitig zu tun, die man zuvor ordentlich der Reihe nach erledigen musste. Er ermöglicht es zu arbeiten und sich gleichzeitig fortzubewegen: Der Inbegriff von Mobilität und Flexibilität und einer der entscheidenden Faktoren für die grenzenlose Begeisterung für diese Produktgeneration. Doch auch das lässt sich noch steigern. Gesetzt den Fall, man bekommt eine Verbindung zum Internet zustande, ist man damit nicht nur flexibel, mobil und omnipotent, sondern obendrein auch noch omnipräsent. Man sitzt im ICE irgendwo zwischen Hannover und Bielefeld, und ist gleichzeitig als virtueller Gast an der New Yorker Börse oder als Teilnehmer einer Videokonferenz in Tokio. Und so wird, spätestens sobald man unterwegs ist, gearbeitet, was das Zeug hält, damit ja alle bemerken, dass man seine Lektion in Sachen Turbokapitalismus brav gelernt hat und die von ihm geforderten Tugenden mit Bravour vereint.

Nutzen vor Image

So zeigt sich: Es ist unerheblich, was jemand auf dem Laptop schreibt und mit wem er online kommuniziert. Es ist unerheblich, ob die von ihm an das Flipchart geschmierten Pfeile einen Sinn ergeben oder ob er tatsächlich gezwungen ist, im Zug zu arbeiten. Was zählt, sind die Aussagen, die die Dinge über ihn machen: »Seht her, er ist dynamisch, teamfähig obendrein, motiviert und ein Global Player.« Der Mitarbeiter wartet nur darauf, die ihm eingebläuten Tugenden wie Mobilität, Kreativität oder Flexibilität endlich vorzeigen zu dürfen. Er verlangt nach einer umfangreichen Sammlung von Angeboten und Produkten, deren »Gebrauch« ihm die Möglichkeiten eröffnet, sich selbst so zu sehen und von anderen so gesehen zu werden, wie es die Wirtschaft wünscht: Zeige mir, wie du arbeitest, und ich sage dir, wie du bist, so die vereinfachende Grundregel. Versehentlich für einen Versicherungsangestellten oder eine Beamtin des mittleren Dienstes gehalten zu werden, wird als ernsthafte Kränkung verstanden. Umgekehrt gilt ein Arbeitsloser, der sich mit dem Kickboard und geschulterter Laptoptasche auf den Weg zur Noworkparty macht, als politisch nicht korrekt. Dabei bestätigt auch er die These, dass die »individuelle oder kulturelle Wahl einer Geste einer Entscheidung entspringt, die in vielerlei Hinsicht ästhetisch zu nennen ist, weil sie einen Stil des Lebens entwirft, der nicht notwendig ist, durch den sich aber der Mensch oder eine Gesellschaft auslebt und in der er bzw. sie sich erfindet«, wie Vilém Flusser in *Dinge und Undinge* schreibt. Statt mit Produkten und Werkzeugen wird heute in der Berufswelt mit Metaphern und Symbolen hantiert und die eigentümlich gefälligen und kleidsamen Qualitäten der Arbeit sind es auch, die heute so gefragt sind, während die eigentliche Leistung sich verflüchtigt. Was bleibt ist die ziellose Geste eines So-tun-als-ob.

Die meisten Unternehmen widmen sich gerne dieser neuen Aufgabe, die nun nicht mehr allein darin besteht, die Angestellten mit Arbeit zu versorgen, sondern zusätzlich fordert, der Arbeit auch noch die gewünschte ästhetische Qualität zu verleihen. Aber dieser Unfug, die Arbeit zum symbolischen Spiel verkommen zu lassen und seine Mitarbeiter mit all den Produkten und Leistungen zu versorgen, die sie benötigen, um sich selbst stilgerecht zu entwerfen, bringt erhebliche Risiken. Jeder, der sich um die ästhetische Note bemüht, setzt im gleichen Zug Sinn, Zweck und Inhalt der Arbeit aufs Spiel. Und das Unternehmen droht zum Requisitenfundus und zur hohlen Kulisse zu verkommen. Der Prozess der Arbeit selbst und die erbrachte Leistung geraten immer mehr in den Hintergrund. Am

Ende sind sie nicht mehr als das willkommene Alibi, um das ganze Tamtam zu rechtfertigen. Die Arbeit selbst wird zum Placebo.

Zum Unverständnis der meisten zeigt das Büro Mair u. a. nicht das geringste Interesse daran, für eine junge, innovative und wahnsinnig kreative Firma gehalten zu werden. Statt die Firma zur Kulisse werden zu lassen und mit hippen Requisiten zuzustellen, bemühen wir uns, nicht zu einem weiteren Jung-Schwung-Unternehmen ohne Substanz zu verkommen. Das äußert sich in unserem Bekenntnis zu einer ganz gewöhnlichen Arbeitswelt und in einigen Vorschriften zu Kleidung und Umgangsformen. Wir beschränken uns auf die Arbeitsmittel und Ausstattungsdetails, die nützlich sind, um die Arbeit zu bewältigen. So schaffen wir Platz für das, worum es im Berufsalltag geht: die Arbeit.

Semantischer Ballast

Wenn ich Visionen habe, gehe ich zum Arzt.

HELMUT SCHMIDT

Das große Geplapper

Ob jemand den Nagel, den er in die Wand schlägt, auch trifft, ob das von ihm zusammengezimmerte Regal stabil ist, der reparierte Vergaser das Auto wieder problemlos starten lässt und der gebackene Kuchen schmeckt, ist relativ einfach zu überprüfen. Anders sieht es hingegen aus, wenn man es statt mit Kuchen, Regalen oder Autos mit Informationen, Wissen und Dienstleistungen zu tun hat: Die erbrachten Leistungen und Ergebnisse sind von anderen nicht mehr ohne weiteres nachzuvollziehen und schwerer zu fassen, sie werden abstrakt. Statt aus Umsetzung und Produktion besteht die Mehrheit der Arbeitsprozesse heutzutage aus Plänen, Entwürfen, Maßnahmenkatalogen, Studien und Konzepten. Selbst wenn sich früher oder später herausstellt, dass die programmierte Software stabil läuft, das Wellnesscenter Zustimmung beim Publikum erfährt und die Umstrukturierung eines Unternehmens zu weniger Komplikationen führt, bleibt der Arbeitsprozess bis zu diesem Punkt doch schwer durchschaubar.

Wer nur seinen Kopf, seine Fingerspitzen und die Tastatur gebraucht, statt mit seinen Händen etwas zu schaffen, und Pläne, Studien und Konzepte anstelle von Regalen, Autos oder Kuchen entwirft, ist gezwungen, seine Leistung auf andere Weise darzustellen, um Respekt und Anerkennung zu ernten. In dieser neuen, nicht-dinglichen Arbeit – die sich nicht von selbst erklärt – kommt der Vermittlung und Darstellung der Leistung eine elementare Rolle zu: Informationen werden in Worte und Begriffe gepackt und unter dem Motto der Transparenz auf das Laufband der Kommunikation eingespeist, um sich in den Kampf um Aufmerksamkeit zu stürzen. Von Kommunikation, so scheint es, kann es nie zuviel geben, Kommunikation ist per se gut, sie dient dem Austausch von Wissen und erfüllt damit einen noblen Zweck. »Man kann über alles reden«, sagen die Plaudertaschen. »Schweigen ist Gold war gestern«, ergänzen die Maulhelden, »willkommen in der ›Kommunikationsgesellschaft‹« erklären die Neunmalklugen. Egal, ob man Standpunkte vertritt oder die eigene Stellung absichert, es ist immer die gleiche Wortwahl und Ausdrucksweise: Reißerisch, aufdringlich und schlagkräftig. Der Ton macht die Musik. Der gute Mitarbeiter ist der, der nie um eine Antwort verlegen ist, immer eine Meinung hat und im Gespräch bleibt.

Zur staubigen Versammlung, spaßarmen Besprechung und langweiligen Konferenz muss sich kein Mitarbeiter mehr mühsam aufraffen, seit Meetings und Briefings Einzug erhalten haben. Damit man nicht durcheinander kommt, gibt es Teammeetings, Projektmeetings, Kick-off-Meetings oder Kundenmeetings, während im Briefing so wesentliche Dinge wie Eckdaten, Anweisungen, Anleitungen und Zielsetzungen mitgeteilt werden. Bereits die kurze Dauer, auf die ein Briefing oftmals angelegt ist, zeigt den geringen Stellenwert, der den verbindlichen Definitionen von Zielsetzungen und Aufgabenstellungen heute in vielen Unternehmen zukommt. Doch nicht nur Besprechungen und Versammlungen kommen im neuen Gewand daher. Wer sich heute im Arbeitsalltag zurechtfinden will, muss sich gleich mit einer ganzen Palette von Begriffen vertraut machen. Denn nach dem Briefing macht sich die »Community« aus »High-Performern« daran, mit viel »Involvement«, »Empowerment« und »Commitment« im »Brainstorming« den »kreativen Input« auszubrüten. Die dabei zutage tretenden »Bedarfe« werden vom »Leader« auf einer »Mindmappingskizze« festgehalten und für mehr »Work-Transparence« in einem »Abstract« zusammengefasst, auf dessen Grundlage bereits im nächsten Meeting der »Mehrwert« und »Benefit« herausgestellt wird. Heraus kommt ein »strategisches Konzept«, das in den kontinuierlichen Verbesserungsprozess (kurz: »Kaizen«) zu integrieren ist, der mit der »Premiumstrategie« verfolgt wird. Ganz so, wie es der »Key-Account-Manager« beim »Get-Together« noch einmal betont hatte. Und die reibungslose Abstimmung der Urlaubswünsche firmiert unter dem Namen »Best practise«. Auch die meisten der heute üblichen Berufsbezeichnung stiften mehr Verwirrung, als dass sie zur Klarheit beitragen würden. Wenn der alte gute Hausmeister als »Facility Manager« vorstellig wird, geht es ganz offensichtlich nicht mehr darum, einen prägnanten und verständlichen Eindruck von einem Berufsbild zu vermitteln. Und selbst das abgestandene Befindlichkeitsvokabular der Psychoszene hat in der Arbeitswelt einen dankbaren, neuen Anwender gefunden: In der Supervision arbeitet man voll motiviert mit dem Coach an seiner Emotionalen Intelligenz, schnuppert Gruppendynamik oder sucht in der »Mediation«, konflikterprobt wie man ist, nach den Gründen für seine »Motivationslücke«. Falls einem gar nichts mehr einfällt, reicht es, den herkömmlichen Begriffen der alten Wirtschaftswelt Silben wie New-, Omni, Trans- oder Multi- voranzustellen. Dabei treibt die Schwätzerei, wie der Sprachkritiker Roland Kaehlbrandt in seinem Buch *Deutsch für Eliten* eindrucksvoll herausstellt, nicht selten »eindrucksvolle Blüten des Schwachsinns«: So werden in »kooperativer Zusammenarbeit« schon mal die »zentralen Eckpfeiler« und »wichtigsten Essentials« herausgestellt.

Gut im Rennen liegen die dehnbaren Worthülsen, nebulösen Anglizismen und hochtrabenden Metaphern, deren Verpflichtungsgehalt gegen Null tendiert. Begriffe wie Schwämme, die gleich eine ganze Latte von Bedeutungsmöglichkeiten absorbieren: Sie lassen das Gesagte vage und bieten genügend Raum für unterschiedliche Auslegungen und Interpretationen. In die Verlegenheit, sein Wort halten zu müssen und an dem einmal Behaupteten gemessen zu werden, kommt kaum einer mehr. Es wird angedacht statt zu Ende gedacht, andiskutiert statt entschieden, gebrieft statt informiert: Die Konzentration auf das Wesentliche ist nicht mehr gewünscht.

Ein Paradebeispiel für eine steile Karriere in der Geschäftswelt stellt das beliebte Wörtchen »Vision« dar. Eine Vision ist genau genommen ein ekstatischer Zustand jenseits rationaler Vernunft, ein verzücktes Denken ins Blaue. Die Vision darf deshalb auch ruhig Utopie und Illusion bleiben, sie erfordert keine Taten, verfolgt kein konkretes Ziel und drängt nicht auf Umsetzung. Ihr Gegenstück ist der Plan, der mit der Umsetzung steht und fällt. Der Plan existiert, weil er umgesetzt wird, er muss die Realität berücksichtigen, wird durch sie modifiziert und kann an ihr scheitern. Das konkrete Moment und handfeste Details, die die Vision fein säuberlich ausklammert, geben dem Plan erst seine Existenzberechtigung. Doch Pläne gelten heute als muffig und gewöhnlich, man sucht nach der durchschlagenden Losung, dem verbindenden Sinn, der rettenden Idee und dem krachenden Knaller, der alles Bisherige umkrempelt.

Eine bemerkenswerte Karriere als modisches ›Buzzword‹ haben allerdings auch einige Begriffe gemacht, die in der Berufswelt durchaus ihre Berechtigung gehabt haben. So wurde der Begriff der Kreativität über Jahre hinweg dermaßen fahrlässig verwendet, dass sich sein ursprünglicher Sinn und Gehalt fast vollständig verflüchtigt hat. Heute ist so gut wie jeder kreativ, es wimmelt von kreativen Friseuren, kreativen Lösungen, kreativen Büros, ganze Branchen und Berufsbilder verdanken der Kreativität ihren Namen. Kreativ zu sein ist heute nicht mehr als eine Frage der Einstellung und ein vorsätzlich gefasster Entschluss. Kaum einer wird von sich sagen, er ginge seiner Arbeit ohne Verwendung seines kreativem Potenzials nach.

Der Zweck von Kommunikation ist heute in der Berufswelt nicht mehr, Tatsachen und Vorgänge möglichst wirklichkeitsnah, verständlich und präzise zu vermitteln, sondern sie sprachlich zurechtzubiegen und ins rechte Licht zu rücken, um im täglichen Wettkampf um die umkämpfte Ressource Aufmerksamkeit gut da zu stehen. Um nüchterne und präzise Informationen geht es denn auch gar nicht mehr. Das Verständliche ist das Gewöhnliche und mit dem Gewöhnlichen will keiner mehr etwas zu tun haben. Die Arbeitswelt hat nicht nur ihr Ambiente und die Mitarbeiter sorgfältig durchgestylt, sondern auch der Kommunikation ein neues Outfit verpasst. Eifrig werden all die Begriffe aussortiert, die sich durch Substanz, Eindeutigkeit und Verbindlichkeit auszeichnen und Klarheit und Festlegung von demjenigen erzwingen, der sie verwendet. Für das Banale, Sachliche und schwer Verdauliche ist kein Platz mehr. Damit folgt auch die Sprache dem Mechanismus, der sich bereits durch die gesamte Arbeitswelt zieht: Sie wird flexibel statt eindeutig, modern statt gewöhnlich, euphorisch statt bescheiden und vor allem menschelnd statt sachlich, plakativ statt differenziert.

Es ist angerichtet

Nachdem die Arbeit mit den richtigen Begriffen etikettiert worden ist, folgt der zweite Schritt: Die Präsentation der Leistungen als eine Art Modeschau der Resultate rückt mehr und mehr in den Mittelpunkt und bringt gleich eine ganze Reihe neuer Kriterien mit sich:

Welches Ergebnis ist das schönste, welche Grafik die dynamischste und welche These hat die gewaltigsten Bilder? Je animierter, multimedialer, »dolby-surrounder« und interaktiver, desto besser. Fast scheint es, dass nur ein gut zu veranschaulichendes Ergebnis auch ein gutes Ergebnis ist.

Wer seine individuelle Homepage aus Familienfotos, animierten Grafiken und einem wild umhersausenden »Willkommen« zusammenbasteln kann, der wird es sich nicht nehmen lassen, diese Form des neuzeitlichen Heimwerkens auch in seiner Arbeit unterzubringen. Und da interdiziplinäre und fächerübergreifende Kompetenzen heute in der Berufswelt ja durchaus gefragt sind, wird man ihn sogar dazu ermutigen, sein neues Hobby auch im Job auszuleben. Dazu verfügt der Computer des Mitarbeiters mindestens über zwei Bildbearbeitungsprogramme. Das gehört einfach zum guten Ton, auch wenn er für seine Arbeit eigentlich nur ein gewöhnliches Textverarbeitungsprogramm braucht.

Also scannen Marketingassistenten eifrig Fotos ein und machen den Himmel ruhig ein bisschen blauer als gewohnt, erstellen Versicherungsmakler farbgewaltige Grafik-Kuchen, verzieren Unternehmensberater ihre Vortragsunterlagen mit dynamischen Pfeilen und basteln Fliesenlieferanten an multimedialen Powerpoint-Kunstwerken. Bei so viel Engagement wird so manch ein Grafiker oder Mediengestalter für überflüssig erklärt. Nachdem er den grafischen Rohbau bestimmt hat, sind die Mitarbeiter aufgerufen, alle Register der Software zu ziehen. Dabei werden gestalterische Richtlinien und Grundsätze, da erst gar nicht erlernt, mit Füßen getreten. Was in der Architektur undenkbar wäre und unbewohnbare Häuser ohne Statik, Fenster, Türen und Treppen bedeuten würde, ist hier längst Status quo. Was möglich ist, wird gemacht.

Bei dem Besuch von Seminaren, Kongressen, Vortragsreihen, Vorstandssitzungen und Projektpräsentationen ist dann das Resultat dieser ungestümen Schaffensfreude zu bewundern: Ein unkontrolliertes Feuerwerk des multimedialen Tamtams. Overheadprojektor und Diaapparat sind längst auf dem Sperrmüll gelandet, Durchschriften und Arbeitsblätter gehören der Vergangenheit an. Wer will, kann sich in eine Verteilerliste eintragen und bekommt per E-Mail einen Durchschlag des Vortrags geschickt – muss aber auch damit rechnen, ungefragt mit Newsletters bombardiert zu werden, die über anderweitige Aktivitäten des Absenders berichten. Ausformulierte Texte sind heute die absolute Seltenheit. Per Multimedia-Beamer an die Wand geworfene Stich- und Schlagworte ersetzen die langwierige Argumentation, den widersprüchlichen Diskurs und die schwierige These. Warum in die Tiefe gehen, man will ja niemanden langweilen. Ein bisschen Unterhaltung und Abwechslung schadet nie, das fesselt die Zuhörer. Das passende Wort dafür ist schon gefunden: »Präsentainment«.

Inhalt statt Verpackung

Wenn der Personalreferent in der Lage ist, Powerpoint-Grafiken mit wild umherfliegenden Pfeilen zu basteln, dann tut er das auch, und kaum einer wird ihn davon abhalten. Wenn der Projektleiter ein paar modische Vokabeln von der Mitarbeiterschulung mitbringt, dann wird er es sich nicht nehmen lassen, bei Gelegenheit seine Leistungen damit zu frisieren. Dabei nimmt die Effekthascherei bisweilen absurde Formen an: Wenn ein Fleischfachverband bei seiner Jahresversammlung über die Umsatzeinbußen der Branche berichtet, ändert es nichts an den niederschmetternden Informationen, wenn permanent trickanimierte rosa Comic-Ferkel über die auf die Leinwand gebeamten Bilanzen hüpfen.

Wie unaufdringlich kommt da Uffe Elbaek, Direktor der Kaos Piloten, einer weltweit geschätzten Schule für kreatives Management aus Dänemark, daher. Dieser versetzte – laut *brand eins* vom Januar 2001 – die Veranstalter einer Multimedia-Konferenz in helle Aufregung, als er für seinen Vortrag nach einem herkömmlichen Overheadprojektor verlangte, aber weit und breit keiner aufzutreiben war, wohl aber jedes erdenkliche Equipment für eine multimediale Präsentation.

Karl Lagerfeld bezeichnete Kreativität im Gespräch mit dem Magazin der *Süddeutschen Zeitung*, Nr. 22/2000 einmal als »eine Art Honorarrechtfertigung«: »Menschen geben einen irre aktiven und aufgeregten Lebensstil vor, damit sie ihre überhöhten Gelder verlangen können.« Und Michael Lenz vom Büro Heine/Lenz/Zizka antwortet, von dem Magazin *Page* im März 2002 nach dem Grund seiner »kreativen Leistung« befragt, dass er auf die Begrifflichkeiten »Vision« und »Kreativität« verzichte.

Mit dem hemmungslosen Aufpolieren und Aufblähen von Informationen und Begriffen muss endlich Schluss gemacht werden, denn es ist nicht nur unansehnlich und lautstark, sondern geht auch auf Kosten von Substanz und Inhalt. Und manchmal sind die Dinge eben komplizierter und passen nicht auf ein paar Folien. Wirkliches Wissen ist meist kompliziert. Es erfordert Anstrengung und Konzentration, es zu vermitteln und zu verstehen. Weniger ist da oft besser als mehr, denn all die bunten Excel-Kuchen lenken meist eher vom Inhalt ab, als dass sie ihn tatsächlich verdeutlichen würden. Wichtig ist, *was* man sagt, und nicht, *wie* das Gesagte aussieht: Priorität haben die Ergebnisse und der Weg dorthin.

Wer der Vielfalt der wirtschaftlichen und gesellschaftlichen Anforderungen gerecht werden will, muss deren Inhalte genau verstehen und präzise erläutern. Gefragt sind eindeutige und verbindliche Begriffe, die keinen Zweifel daran lassen, was sie bedeuten, und die das Verständnis erleichtern. Wer Klartext redet und Dinge beim Namen nennt, muss damit rechnen, beim Wort genommen und daran gemessen zu werden. Wenn das, *was* man sagt, wieder an Verbindlichkeit gewinnt, wird sich auch manch einer vorher genauer überlegen, was er sagt. Das weit verbreitete Vorgehen, schnell am Abend vorher aus ein paar alten Konzepten und Texten per »copy and paste« seinen Vortrag zu basteln und mit ein paar Bildchen aus der Datenbank aufzubrezeln, könnte sich als riskant erweisen.

Statt tagelang an der Animation von Comic-Ferkeln, Pfeilen und bunten Kuchen herumzuwerkeln und die neuen Lieblingsvokabeln der Branche auswendig zu lernen, arbeiten Mair u. a. lieber an dem Inhalt. Wir streichen keine Sätze mehr, weil sie die Grafik sprengen, ebenso wenig ersetzen wir »Komplexität« durch »Chaos« nur deswegen, weil Chaos fünf Buchstaben weniger hat und der Satz dann in eine Zeile passt. Der nimmersatten Begeisterung für hochtrabende Metaphern, marketingtechnisches Kauderwelsch und verwirrend fortschrittliche Berufsbezeichnungen setzen wir Vernunft entgegen, und damit eine präzise und verständliche Wortwahl. Dabei hilft uns ein ›Katalog der bösen Wörter‹, der all die Begriffe wie »flexibel«,

»kreativ«, »Benefit«, »Transparenz« oder »Meeting« auflistet, deren schriftliche oder mündliche Verwendung innerhalb des Büros tabu ist. Wir bemühen uns, Inhalte, Ansichten und Einsichten klar und deutlich wiederzugeben, wir reden nichts zu Gold, machen das Komplizierte nicht einfacher, als es ist, und lassen das Banale banal sein.

Kultur im Betrieb

Das Unternehmen mit Persönlichkeit

Sterben würde mein Image ruinieren.

JACK LALANNE, FITNESS-PAPST

Kultur als Bausatz

Ein Unternehmen ist heute nicht mehr einfach ein Unternehmen. Entscheidend ist seine so genannte Kultur, die es unverwechselbar macht. Ob es die ihm zugrunde liegenden Werte und Muster sind, die Entstehungsgeschichte, seine Ziele und der Zusammenhalt und die Behandlung der Mitarbeiter: All das fließt in dem groß angelegten Gesamtprojekt »Unternehmenskultur« zusammen. Dieser Schatz wurde in den Siebzigern gehoben und ist nach wie vor eines der bestens florierenden Produkte unsere Zeit. Erst dank seiner Kultur wird das Unternehmen zum autonomen Mikrokosmos mit unverwechselbarem Profil und eigener Philosophie und damit begehrt und sexy. Der Sexappeal wirkt auch nach innen: Der Mitarbeiter zeigt sich stolz, Teil eines solchen Unternehmens sein zu dürfen, und legt gleich umso mehr Engagement an den Tag. Oder wie es Peter Drucker formuliert: »Jede Unternehmung braucht einfache, klare und sie zusammenhaltende Ziele. Diese müssen leicht verständlich und herausfordernd genug sein, um eine gemeinsame Vision zu begründen. Wenn wir heute so oft über Unternehmenskultur sprechen, dann meinen wir damit in Wirklichkeit das die ganze Unternehmung durchziehende Commitment, das Eingeschworensein auf gemeinsame Ziele und Werte.« Unternehmenskultur besteht üblicherweise aus verschiedenen Modulen, die die Berater von McKinsey 1978 in ihrem 7-S-Model entwickelten: Da wären zum einen die harten Fundamente, »strategy«, »structure« und »systems« und zum anderen Elemente wie »style«, »staff«, »skills« und die »shared values« oder auch »superordinate goals« als die weichen Werte und die Software des Unternehmens, die es zum Laufen bringen und geschmeidig halten.

Ein Unternehmen, das sich bisher nicht allzu sehr um seine »Kultur« gekümmert hat, begnügte sich meist damit, sein Leistungsspektrum herauszustellen, die »fachlichen« Qualitäten und Besonderheiten zu betonen, auf Erfahrungen und Referenzen zu verweisen und diese Sammlung mit Daten anzureichern. Heute wird mehr verlangt. Wer im dicht besiedelten und unübersichtlichen Markt nicht untergehen will, ist darauf angewiesen, wahrgenommen zu werden und um Aufmerksamkeit zu buhlen. Nichts scheint heute weniger verzeihlich für ein Unternehmen, als keinen bleibenden Eindruck zu hinterlassen. Um beachtet zu werden, braucht es zunächst einen ebenso verführerischen wie vielversprechenden philosophischen Überbau, in dem sich all die spezifischen Merkmale des Unternehmens wie Mosaiksteinchen zu einem symbolischen Gesamtkunstwerk zusammenfügen. Heraus kommt das Unternehmen aus einem Guss und mit unverkennbarer Identität. Das ist nicht nur die Prämisse für Großkonzerne, sondern gilt auch für den Hersteller für Bodenbeläge in Castrop-Rauxel, die schwäbische Bücherladenkette und den bisher reibungslos laufenden Familienbetrieb.

An der einzigartigen und unverwechselbaren Identität des Unternehmens keinen Zweifel zu lassen und sie bei jeder Gelegenheit zu betonen, wird umso wichtiger, je differenzierter und dezentraler das Unternehmen selbst wird. Die Konturen, die in dem derzeit so beliebten Prozess des Auflösens, Ausdünnens und Umorganisierens bei immer mehr Unternehmen zu verblassen drohen, zeichnet die Unternehmenskultur mit umso fetteren Linien nach. Das Ziel ist erreicht, wenn sich ein wirkungsvolles und prägnantes Bild abzeichnet, mit dem sich sowohl der mobile Knowlegeworker in seinem Homeoffice in Kempten als auch der Projektleiter in der Konzernzentrale in London anfreunden und mit voller Überzeugung sagen können: Ja, das ist meine Firma, so und nicht anders kenne ich sie. Hinzu kommt, dass immer mehr Unternehmen immer weniger greifbare Produkte herstellen, sondern Informationen, Wissen oder Dienstleistungen anbieten. Dies macht es dem Mitarbeiter zunehmend unmöglich, über die Produkte eine Beziehung zu dem Unternehmen aufzubauen. Ein Arbeiter oder Manager bei Ford, der auf das Produkt des Unternehmens verweisen, in ihm Platz nehmen und umherfahren kann, hat es leichter, sich mit dem Unternehmen zu identifizieren, als der Wissensarbeiter, der außer Datenströmen und Konzeptpapieren nicht viel in der Hand hält, auch wenn diese mit noch so vielen bunten Pfeilen verschönert sein mögen.

Umso fahrlässiger ist es, die »kulturelle Identität« des Unternehmens dem Zufall zu überlassen. Man hat Großes vor und jeder soll wissen, dass man ein Unternehmen von heute und mit Zukunft ist. Die wenigsten Unternehmen üben sich dabei in Bescheidenheit und geben sich mit dem zufrieden, was sie wirklich sind und was sie können. Statt sich mit der »Ist-Kultur« herumzuquälen, gilt die ganze Aufmerksamkeit der »Soll-Kultur«, dem vielversprechenden Ziel, zu dem sich, vom Dienstboten bis zum Manager, die gesamte Belegschaft unter der Flagge der Unternehmenskultur versammeln soll. Schnell muss ein Leitbild her, das unmissverständlich zu verstehen gibt, wie man werden wird und wo man hin will. Die in das Leitbild gemeißelte Vision des Unternehmens stellt ein für allemal klar, dass dort keiner der Mitarbeiter einem schlichten Job nachgeht, sondern eine Mission zu erfüllen hat. Das alles bestimmende Bild vom Unternehmen, das – von der banalen Geste bis zum Briefpapier – seine Einzigartigkeit vermittelt und es ins rechte Licht rückt, wird zur Corporate Identity. Und die lässt sich beliebig weiter anfüttern und aufsplitten: Die gelebten Werte des Unternehmens werden zur »Corporate Culture«, das an den Tag gelegte Verhalten zum »Corporate Behavior« und zu guter Letzt fehlt nur noch das Corporate Design, um dem Ganzen die richtige Anmutung zu verleihen.

Image ist alles

Was für Mineralwasser oder Joghurt gilt, ist heute auch für jedes Unternehmen Prämisse. Das Unternehmen wird zur Marke geadelt und muss nun die gleiche Prozedur aus Marketing und Styling über sich ergehen lassen, wie sie für jedes Produkt üblich ist, das nicht mehr länger eins unter vielen sein, sondern herausragen will. Statt jedoch beim Kunden im Supermarkt gilt es beim Mitarbeiter, potenziellen Bewerbern oder Auftraggebern Eindruck zu schinden.

Vorbei die Zeiten, als noch Visitenkarten, Briefpapier und bedruckte Kugelschreiber ein Unternehmen nach außen präsentierten und die obligatorischen Weinflasche mit dem druckfrischen Weihnachtsgruß noch etwas hermachte. Auch »Mitarbeiter-des-Monats-Galerien«, wie sie heute gelegentlich noch in den Eingangsportalen von Möbelcentern und Fastfoodketten zu finden sind, und der »Tag der offenen Tür« haben als Maßnahmen für mehr Unternehmenstransparenz und Mitarbeitermotivation ausgedient. Für alle, die immer noch glauben, einen bleibenden Eindruck zu hinterlassen, wenn sie ein paar Journalisten sporadisch hausinterne Informationen zukommen lassen oder eine großzügige Unternehmensspende an das Kinderheim am Ende der Straße entrichten, hat der Corporate-Anhänger nur ein müdes Lächeln übrig.

Corporate Identity ist allgegenwärtig. Zum »Lifestyle« erhoben, hat die eifrige Umsetzung von Identität und Kultur oberste Priorität. Das dafür nötige Budget wird bereitwillig zur Verfügung gestellt. Ganze Heere von Beratern und Analysten werden durchs Haus geschleust, um in mühevoller Kleinstarbeit am Firmenmythos zu feilen und ihn mit Anekdoten und anderen Abenteuerlichkeiten aufzuplustern. Da bleibt auch der Mitarbeiter nicht unbehelligt. Als Teil der Kultur bekommt er ein ganz besonderes Mitspracherecht und darf seine »aktive Partizipation« mit dem Ankreuzen eines quantitativen Standard-Fragebogens unter Beweis stellen. Corporate-Beauftragte mit voluminösen Katalogen voll kleingedruckter Bestimmungen und Gestaltungsrichtlinien packen den ganzen Firmenkosmos säuberlich in Symbole. Es werden knackige Slogans getextet, eindringliche Firmenphilosophien frei an den Tatsachen vorbei formuliert, prägnante Leitbilder entworfen und in Logos gepresst. Selbst das Fax-Papier verströmt den glanzvollen »Spirit« der Firma. In Titelstorys, Fotostrecken und intimen Selbstauskünften zeigt man offenherzig und nicht ohne Stolz, wer man ist und wie man arbeitet. Es gibt nichts zu verbergen. Besondere Aufmerksamkeit gilt der Bibel eines jeden corporate-durchtränkten Unternehmens: Der Selbstdarstellung. Eigens hierfür wird das Team um Journalisten, Parteiberater und Philosophiestudenten erweitert, die dann gemeinsam die

Glaubenssätze des Unternehmens in Wort und Bild stilvoll aufgebrezelt ins rechte Licht rücken.

Damit das Unternehmen als Marke mit waschechtem Image immer modisch auf der Höhe ist, braucht es brandaktuelle Patentrezepte. Dabei hat es sich bewährt, die Unternehmenskultur mit Philosophien und Visionen anzureichern, die unter Schlagworten wie »lernende Organisation« oder »Change Management« im Supermarkt der Unternehmensqualitäten angepriesen werden.

Doch die Moden wechseln schnell, was gestern noch hip war, kann morgen schon wieder out sein. Vor einigen Jahren noch war der Mythos von dem jugendlichen Gründer in der Garage oder auch Hinterhofloft ziemlich gefragt und bot gute Voraussetzungen, um das heiß begehrte Label »New Economy« oder »Start-up« auf seinem Unternehmensimage tragen zu dürfen. Heute grenzt es hingegen fast schon an Rufmord, als Anhänger oder gar Pionier dieser Bewegung geoutet zu werden. In den New-Economy-Regalen im Supermarkt der Unternehmensimages herrscht mittlerweile gähnende Leere. Die Mehrheit der »Marken«, die noch vor einigen Jahren den anderen die Kundschaft wegschnappten, wurde im großen Stil entsorgt, der Rest ist voll und ganz damit beschäftigt, das New-Economy-Etikett abzuknibbeln. Auch wenn es zur Zeit aus taktischen Gründen weniger klug scheint, mit dem Charme des maroden Hinterhausloft herumzuprahlen, haben die von der New Economy unter großem Wirbel populär gemachten Inhalte, Werte und Prinzipien nicht an Brisanz und Sexappeal verloren.

Ganz im Gegenteil: Ihrer Errungenschaften bedient man sich nach wie vor gerne und ausgiebig. Seit den achtziger Jahren, als die Corporate-Identity-Kulissen zuhauf aus dem Boden schossen, gab es nicht mehr so viel zu tun. Die Turbulenzen der »wirtschaftlichen Revolution«, in die so manches Unternehmen geriet, erforderten umfangreiche Umbau- und Renovierungsarbeiten; an den bisherigen Unternehmenswerten und -visionen war eine völlige Grundsanierung der Corporate-Identity-Fassade nicht zu vermeiden. Das musste schnell gehen und am besten ad hoc und noch ehe man überhaupt verstanden hatte, was da vor sich geht.

Und so bringt die Mehrzahl der Unternehmen voller Stolz zu Ende, was in der New Economy seinen Anfang hatte: Man ist liberal und fortschrittlich, selbstverständlich mitarbeiterorientiert und tut alles, um deren Kreativität und Motivation zu steigern. Man hat sich von Zwängen und Kommandostrukturen befreit und tritt für ein gleichberechtigtes Miteinander ein, gibt sich die größte Mühe, ein Maximum an Flexibilität und Innovationsfähigkeit zu erreichen, und ist offen für Neues, Herausforderungen und Risiko. Dass man jung und optimistisch ist und die Arbeit mit jeder Menge guter Laune erledigt, versteht sich von selbst. Dabei kann man nicht oft genug betonen, dass man dieser Mode nicht nur folgt, sondern ganz vorne mit dabei ist, den Ton angibt und zumindest auf dem einen oder anderen Gebiet über eine herausragende Stellung verfügt.

Auch wenn der Kurs der meisten überlebenden Unternehmen bis auf ein paar saisonbedingte Korrekturen und Feinheiten stimmt, tut das der Hysterie keinen Abbruch. Die Unsicherheit bleibt, der Bedarf an Orientierung ist groß und so regiert in vielen Unternehmen das »Management by the last book read«.

Momentan erfreuen sich in Tiergeschichten verpackte Heilslehren großer Beliebtheit: Auf der Bestsellerliste der *Wirtschaftswoche* findet sich der amerikanische Kassenschlager *Die Mäuse-Strategie für Manager* von Spencer Johnson, der von Mäusen und Zwergen erzählt, die sich auf die Suche nach Käse machen. Ein anderes Buch dieser Sorte heißt: *Unter Pinguinen. Ein tierisches Teambuch* von B. J. Gallagher und Warren H. Schmidt. Es erzählt von Pinguinen, die sich von dem bun -ten Pfau das Fliegen beibringen lassen.

Wie schlicht die angepriesenen Rezepte der Managementlehren auch sein mögen, ihre schlüsselfertige und detailgetreue Umsetzung am lebendigen Objekt »Unternehmen« stellt sich oft vertrackter dar als zunächst gedacht. Ungefähr 9000 verschiedene Managementprinzipien sind in den letzten 20 Jahren in die Welt gesetzt worden, obwohl die Gallup-Organisation in einer weit angelegten Untersuchung keinerlei Beweise dafür gefunden hat, dass auch nur eins dieser Konzepte eine nachhaltige Wirkung erzielt hätte.

Das scheint nicht weiter tragisch, besteht doch die versteckte, eher unbekannte Funktion der Managementrezepte weniger in ihrer lückenlosen Umsetzung als in ihrer orientierungsstiftenden Funktion. Dass sich stets geeignete Weisheiten finden, lässt den gleichen Beweggrund vermuten, der auch den Zuspruch von Horoskopen und

Psychotests verklärt: Die Suche nach dem Sinn, den Horoskope wie Managerweisheiten vermitteln, indem sie die Verhältnisse sortieren oder, wie Stefan Kühl in *Das Regenmacher-Phänomen* schreibt: »Der versteckte Nutzen der aktuell gehandelten Leitbilder besteht darin, in einer Situation hoher Verunsicherung den Mitarbeitern Orientierung zu geben. Genauso wie es zweifelhaft ist, ob Regenmacher wirklich Regen machen, ist es fragwürdig, ob die Prinzipien ›guten‹ Organisationswandels zum Erfolg der geplanten Veränderungsmaßnahmen führen.«

Vom schönen Schein

Sind alle Vorbereitungen erledigt, dann ist der feierliche Tag gekommen und die Corporate Identity wird über das Unternehmen gestülpt. Das neue, schöne Gewand sitzt jedoch nur in den seltensten Fällen wie angegossen. Hier und da wird noch ein wenig nachgebessert, ansonsten gilt der Grundsatz: Alles eine Frage der Zeit. Hat man sich erst einmal dran gewöhnt, kann man sich nicht mehr vorstellen, dass es überhaupt einmal anders war. Das Leitbild ist nur einen Steinwurf entfernt, die große Vision bald Wirklichkeit. Der Mitarbeiter und die frisch gestylte Identität des Unternehmens müssen erst einmal zusammenwachsen.

Daran, dass sich mit der neuen Visitenkarte auch sein Berufsbild verändert hat – er ist jetzt Human-Resource-Assistent und nicht länger Auszubildender der Personalabteilung – wird sich der Mitarbeiter gewöhnen. Spätestens aber wenn ihm die aufgebrezelte Unternehmensbroschüre in die Hände fällt, von der er zunächst annimmt, sie sei das Angebot für einen Meditationskurs oder ein Traumdeutungsseminar oder gar Informationsmaterial von Scientology, ist die Verwirrung groß. Statt aufschlussreicher Informationen gibt es jede Menge Fotoaufnahmen, die beispielsweise den Chef inmitten eines Glaslabyrinths auf der Kirmes im Nachbarort (Stichwort: Transparenz) zeigen oder den Junior-Controller, wie er die neu montierte Dartscheibe in dem jüngst zur »free aera« erklärten Aufenthaltsraum anpeilt (Stichwort: zielsicher). Die genauen Leistungen des Unternehmens oder gar die eigene Tätigkeit werden, wenn überhaupt, nur am

Rande erwähnt. Die Fakten beschränken sich auf die beschönigende Aufbereitung der Umsatzzahlen, ganz zur Verwunderung des Mitarbeiters, dem die anstehenden Personaleinsparungen erst letzte Woche mit »harten Zeiten für uns alle« begründet wurden.

Doch das ist erst der Anfang. Mit der plakativen Darstellung der Unternehmenswerte ist es nicht getan. Ihren wahren Geist lüftet die frisch gebackene Corporate Identity erst mit der Corporate Culture und dem Corporate Behaviour. Hier zeigt sich das wahre Gesicht der Versprechungen und damit, wie weit der aufwendig inszenierte Mythos der Unternehmenskultur und die Unternehmensrealität tatsächlich auseinander liegen. Aber weil das sorgsam inszenierte Image glaubhaft präsentiert werden muss und zwar Tag für Tag, wird nun dem Unternehmer wie den Mitarbeitern einiges abverlangt. Als Hauptdarsteller sind sie dafür zuständig, dass das Stück »Unternehmenskultur« jetzt auch erfolgreich über die Bühne geht. Dass Realität und Vision meist meilenweit auseinander liegen, macht die ganze Angelegenheit zu einer schwierigen Übung.

Nicht selten verheddert sich der Unternehmer selbst in den Fallstricken seiner ausgeklügelten Philosophie. Denn nun muss jede seiner Entscheidungen – von der Wahl seiner Schuhe bis zur Wahl seiner Worte – all den superlativen Unternehmenswerten entsprechen, die sich in der Selbstdarstellungsbibel aneinanderreihen. Da kann es schon reichen, den Praktikanten, dem zuvor vermittelt wurde, mit kreativen Vorschlägen auf direktem Wege zum Chef durchmarschieren zu können (Kreatives Arbeitsklima und Flache Hierarchien/ Unternehmensbroschüre Seite 9 ff.) unsanft wissen zu lassen, dass jetzt gerade ein denkbar schlechter Zeitpunkt für solcherlei Sperenzchen sei, um als Veränderungsverhinderer mit Chefallüren abgestempelt zu werden. Kein einfaches Unterfangen das Ganze, zumal es, ganz nebenbei, auch noch Aufgabe des Unternehmers ist, Kunden zu gewinnen, Aufträge reinzuholen, Projekte zu besiegeln, sich gegen die Konkurrenz zu behaupten und dabei noch ein stetiges Wachstum und beachtlichen Umsatz vorzuweisen. Was mit seiner Rolle als motivierender Leader und immer elanbeladener Visionär an machen Stellen verständlicherweise etwas kollidieren dürfte.

Über kurz oder lang bekommt es ein solches Unternehmen aufgrund der mangelnden Übereinstimmung zwischen seiner tatsächlichen, gewachsenen »Identität« und der makellosen Corporate Identity mit einer ausgewachsenen Persönlichkeits- und Verhaltensstörung zu tun. Die gängige Diagnose lautet dann »Schizoide Unternehmenskultur«, die sich als feststehender Begriff etabliert hat.

Diese Störung wirkt unmittelbar auf den Mitarbeiter zurück, dessen feines Gespür für Schein und Sein nicht zu unterschätzen ist. Er bekommt unmittelbar mit, was im Alltag von dem Bekenntnis zu Eigenverantwortung, Vertrauen und Mitbestimmung übrig bleibt und inwieweit der nach außen aufwändig inszenierte Mythos und die tatsächliche Arbeitswelt übereinstimmen. Bei offenkundigen Abweichungen machen sich, wie so oft, wenn Anspruch und Wirklichkeit nicht zusammenkommen wollen, Enttäuschung, Ironie und Zynismus breit. Der Chef verkommt zur Witzfigur und die Unternehmenskultur zur Farce. Die Konsequenzen sind absehbar: Mitarbeiter, die sich gute Chancen auf dem freien Markt ausrechnen, packen ihre sieben Sachen. Sie wandern ab und versuchen woanders ihr Glück.

Mit Wasser kochen

Bereits auf den ersten Blick offenbaren viele Unternehmen eine auffallend widerspruchslose und öde »Kulturlandschaft«. Wirkliche Vielfalt und Differenzierung sind nicht zu entdecken, vielmehr steht der immer gleiche Einheitsbrei auf dem Plan, sind es doch die immer wieder gleichen, unumgänglichen Attribute, Visionen und Werte, die sich ein Unternehmen herausgepickt hat, zumindest wenn es als sexy und begehrenswert gelten will. Wenn alle Unternehmen dem Diktat der Wirtschaftsmoden folgen und unheimlich kreativ, innovativ, mitarbeiterorientiert, jung und dynamisch daherkommen, Spaß und Eigenverantwortung propagieren, Hierarchien niederreißen, und wenn alle Unternehmensbroschüren die gleichen Werte mit der gleichen Ästhetik herunterbeten, passiert genau das, was man mit allen Mitteln zu verhindern suchte: Das Unternehmen wird austauschbar, langweilig und durchschnittlich. Da hätten sie sich das ganze Projekt »Unternehmenskultur« auch schenken können.

Anstatt der verführerischen Unternehmenskultur zu verfallen und ihren Irrwegen zu folgen, wären viele Unternehmen gut damit beraten, sich erst einmal in Bescheidenheit zu üben und mit Bekenntnissen und Philosophien zurückzuhalten.

Wer sich weiterhin mit irgendeiner abstrakten Unternehmenskultur ohne direkte Bezüge zum Unternehmensalltag begnügt setzt damit etwas aufs Spiel, woran Unternehmen in Zukunft wieder mehr gemessen werden: Seine Glaubwürdigkeit. Täuschungen und leere Versprechungen halten leider nur genau so lange, bis sie widerlegt werden. Wer jedoch langfristig daran interessiert ist, Mitarbeiter an die Firma zu binden, kommt nicht umhin deutlich zu sagen, wie die Dinge stehen. Dabei geht es nicht darum, möglichst menschlich und authentisch zu sein, sondern sich einzugestehen, dass man auch nur mit Wasser kocht. Statt sich in eine Aura des Besonderen und Spektakulären zu hüllen, sollte man die Mittelmäßigkeit und Durchschnittlichkeit des Arbeitsalltags, die nun einmal nicht aus der Welt zu schaffen ist, nicht mit kopfschüttelnder Empörung abstreiten. Ein glanzvolles Image mag die Kunden beeindrucken und fesseln. Anders sieht es bei den Mitarbeitern aus. Man mag ihnen den Gang zum Kopierer als Happening verkaufen oder das Telefongespräch als einen weiteren Schritt hin zur großen Vision – diese Arbeiten bleiben trotz allem das, was sie sind: Notwendige, routinierte und nicht selten banale Tätigkeiten, wie sie in jedem Unternehmen zu finden sind.

Das bedeutet nicht, die plakative »Erscheinung« des Unternehmens getrost zu vernachlässigen. Ein Unternehmen sollte durchaus sich »selbst« abbilden und darstellen, um für seine Mitarbeiter und Kunden greifbar zu sein. Aber man sollte sich darüber im Klaren sein, dass das vermittelte Bild immer nur einen kleinen Ausschnitt des Unternehmens liefert, ja liefern muss, um zu funktionieren. Gerade weil ein derartiges Profil nur einen Bruchteil der Komplexität und Eigentümlichkeit des lebendigen Unternehmens wiedergeben kann, sollte man sich dabei auf das Wesentliche beschränken und damit auf konkrete Anhaltspunkte und Informationen wie Tätigkeitsfelder, Arbeitsweisen oder Kunden. An die Stelle des diffusen Nebels »Corporate Identity«, der die meisten Unternehmen umhüllt, müssen alltagstaugliche Angaben treten und ein Leitbild, das das leistet, wofür es ursprünglich vorhergesehen war: Das den Rahmen absteckt, Ansprüche an das Verhalten formuliert, Orientierung bietet und Ziele festsetzt. Erst wenn die Merkmale und Eigenschaften der Unternehmenskultur und -identität genau formuliert wurden, kann der Mitarbeiter sie einfordern und das Unternehmen an ihnen messen. Anders als die schwammigen Werte und abstrakten Visionen, mit denen vor allem deshalb so ungehemmt hausieren gegangen wird, weil sie schlussendlich keiner nachweisen kann: Wer kann schon genau sagen, wie die konkrete Umsetzung eines »konsensuellen Vertrauensklimas« aussieht oder »das junge Team mit viel Spaß an der Arbeit« und was sich hinter »spannenden Herausforderungen« verbirgt.

An die Stelle des unerreichbaren Ideals einer superlativen und bombastischen Corporate Identity rückt bei dem Büro Mair u. a. das Unspektakuläre, der ganz gewöhnliche Arbeitsalltag und die Leistungen der Firma. Wir ersparen es uns und den Mitarbeitern, mit Versprechungen Erwartungen hervorzurufen, die nicht oder nur mit viel Aufwand eingelöst werden können. Anstatt den Trends zu folgen, die die Ottokataloge der Wirtschaftswelt verkünden, und im Partnerlook mit dem Rest der Unternehmen zu gehen, sind wir lieber unmodern und konzentrieren uns auf unsere Arbeit. Statt an schwammigen Visionen und schillernden Leitbildern zu basteln, bleiben wir bei den Informationen und bemühen uns, jedem einzelnen Mitarbeiter offen zu legen, was ihm die Firma bieten kann, welche seiner Erwartungen sie einlösen kann und welche nicht. Unsere Leistungen und Arbeitsweisen sollten dann auch der Grund sein, warum sich jemand bei uns bewirbt oder uns einen Auftrag erteilt, und nicht, weil ihn der Spirit des Unternehmens fesselt oder er Teil einer Kultur werden möchte.

Kultur als Klebstoff

Ich habe gelernt, allem Wir-Gefühl zutiefst zu misstrauen.

KONRAD WEISS

Der Deckel zum Topf

Der heftig entfachte »Krieg um Talente« zwingt so manch einen Arbeitgeber in die Knie. Er weiß: Gute Mitarbeiter sind nicht nur rar und heiß begehrt, sondern obendrein auch noch anspruchsvoll und verwöhnt. Und es gibt wenige, die die immer wieder an sie herangetragene Aufforderung, sich nun selbst ganz als Unternehmer in eigener Sache zu begreifen, verinnerlicht haben und nach einer Stelle Ausschau halten, in die sie ihre Ansprüche und Vorstellungen mit einbringen können. Gewohnt, vor die Wahl gestellt zu werden, überlegen sie sich reiflich, welchem Unternehmen sie ihre Arbeitskraft zur Verfügung stellen, prüfen sorgsam die Angebote und filtern das Geeignete für sich heraus. Insbesondere der jüngeren und oft heiß begehrten Generation der Arbeitnehmer ist dabei meist zwischen Start-up, Bastelbiografie, Ich-AG und Studium die Loyalität abhanden gekommen. Allein das Wort »Dienstjubiläum« dürfte heute auf die Mehrheit der jungen Mitarbeiter eine abschreckende Wirkung haben. Anstatt sich einem Unternehmen verpflichtet zu fühlen, ist sich jeder selbst der Nächste.

Hat der eigens dafür angesetzte Headhunter es dann endlich geschafft, die Aufmerksamkeit eines umworbenen Kandidaten zu gewinnen, und das Unternehmen sein Urteil gefällt, ist der Kandidat an der Reihe, seine Wahl zu treffen. Noch kann er einen Rückzieher machen und jederzeit abspringen. Um den begehrten Mitarbeiter zu ködern, ist der Einfallsreichtum des Unternehmers gefragt. Versprechungen wie flache Hierarchien, Verantwortung und ein lockeres Arbeitsklima sind heute schon fast Schnee von gestern. Auch eine übertarifliche Bezahlung und ein interessantes Tätigkeitsfeld stehen auf einem anderen Blatt. Nicht aber auf dem entscheidenden.

Die Entscheidung eines Kandidaten für oder gegen ein Unternehmen steht und fällt heute damit, »wie« das Unternehmen wirkt, und nicht dadurch, »was« für eine Tätigkeit es anbietet. Er will wissen, ob er sich dort wohl fühlt und persönlich verwirklichen kann, ob die Unternehmensphilosophie auch als privates Lebensmotto taugt, ob die Kollegen so gut »drauf« sind wie er selbst und ob die angebotenen Leistungen sich dazu eignen, sie stolz in der Gegend herumzuzeigen. Und deswegen muss das Unternehmen sich mit seiner »Employee Value Proposition«, dem geballten Bündel verführerischer Anreize und Versprechungen, in ein möglichst vorteilhaftes Licht rücken, also alle Register ziehen und sämtliche Techniken der Verführung durchdeklinieren, um dem Bewerber den Mund wässrig zu machen und ihn in Versuchung zu führen. Dabei sollte das Unternehmen ruhig öfter darauf hinweisen, dass in seinen Reihen nur die crème de la crème der Arbeitskräfte ihrer Mission folgt.

Hat der Umworbene endlich zugeschnappt und mit einem »Ja, ich will« den Personalbeauftragten in Freude versetzt, ist das noch lange kein Grund, sich entspannt zurückzulehnen, denn nun beginnt Phase zwei des ganzen Procedere: Nachdem man das Jagen und Fangen erfolgreich hinter sich gebracht hat, kommt das Halten. Und das ist die schwierigste Übung, wie man aus eigener Erfahrung weiß. Umso mehr, seit der Unternehmer sich darüber im Klaren ist, dass der frisch erworbene Mitarbeiter ihm nie »voll und ganz« gehören wird. Ständig lauert die Gefahr, dass »sein« Mitarbeiter mit einem anderen Unternehmen liebäugelt, spontan beschließt, sich selbstständig zu machen oder ein verführerisches Angebot unter die Nase gehalten bekommt, dem er einfach nicht widerstehen kann.

Wie aber schafft man es, einen wertvollen Mitarbeiter so an das Unternehmen zu binden, dass er anderweitigen Verführungen erst gar nicht erliegt und ihnen die kalte Schulter zeigt? Das ist die Frage, die Unternehmern, Vorgesetzten und Personalbeauftragten Kopfzerbrechen bereitet. Die Antwort scheint gefunden.

Das Unternehmen als Sinnlieferant

Die Unternehmenskultur mit ihren auf Selbstverwirklichung und Verantwortung pochenden Werten und human klingenden Visionen hat genau das im Gepäck, wonach so viele Mitarbeiter und Bewerber Ausschau halten: Jede Menge gebrauchsfertige Identifikationsangebote.

Getrieben von der Sehnsucht, endlich das passende Deckelchen zum Töpfchen zu finden, sehnt sich manch ein Arbeitnehmer nach einem Arbeitgeber, der ihn nicht nur mit Arbeit, sondern auch noch mit Sinn versorgt, ihm seine Unsicherheit nimmt und Zugehörigkeit, Gewissheit und Übersichtlichkeit verspricht. Die sinngeschwängerte Unternehmenskultur nimmt den orientierungslos umherstreunenden Mitarbeiter unter ihre Fittiche und schafft es im Handumdrehen, dass der sich bereitwillig in ihre Arme begibt und ihre Umarmung genießt. Wie sie das macht? Mit einem ausgeklügelten System vermittelt sie Sinn und Orientierung und bestätigt den Mitarbeiter zugleich als Person. Weit weg von Arbeit, Pflichten und Routine stärkt sie den Zusammenhalt und damit das, worauf ein Unternehmen heute so angewiesen ist: das »Wir-Gefühl«.

Um dem Mitarbeiter die Ziele des Unternehmens häppchenweise als seine einzuverleiben, um ihn mit dem »Wir« der Firma zu verschmelzen, hat sich der »kooperative« und »dialogische« Führungsstil mit seinen Errungenschaften wie »Verantwortung« und »Selbstständigkeit« bewährt. Der globale Medienkonzern etwa rühmt sich mit Schlagworten wie »Partnerschaft, Identifikation und Motivation, Unternehmergeist, Dezentralisation, Kooperation, Mitarbeiterförderung«. Das Unternehmen für Getriebebau zeigt sich dafür verantwortlich, »dass die Arbeit im Unternehmen von Loyalität, Engagement und Identifikation getragen ist«, und schafft so »eine beflügelnde, gemeinsam getragene Firmenkultur, innerhalb derer der hoch motivierte Mitarbeiter nach dem richtigen Weg sucht und entsprechend handelt«. Und das Biotech-Unternehmen setzt auf »Silicon Valley Attitudes«, gibt sich »offen, engagiert, kreativ, motiviert, dynamisch und chaotisch« und lässt verlauten, dass man »keinen dress code« nötig habe, und fügt hinzu: »alle reden sich mit ›DU‹ an«.

Das einige Miteinander durchzieht das Unternehmen vom Vorstandsmitglied bis zum Praktikanten wie eine unsichtbare Fessel. Die große Vision schweißt zusammen. Im fortgeschrittenen Stadium sind die Ziele von Unternehmer und Mitarbeiter beinahe nicht mehr zu unterscheiden. »Die Ziele der Unternehmensführung setzen sich durch in Gestalt des eigenen Willens des einzelnen Arbeitnehmers«, schreibt der Betriebsrats- und Unternehmensberater Klaus Peters. Die Unternehmenskultur wird zu einer »Herrschaft dritten Grades«, wie Oswald Neuberger, Professor für Organisationspsychologie, sie nennt, mit deren Hilfe die Mitarbeiter »freiwillig« wollen, was sie sollen. Und so gilt: Was das Unternehmen will, will der Mitarbeiter auch, was für das Unternehmen gut ist, tut ihm auch gut, geht es dem Unternehmen schlecht, leidet er mit, verzeichnet es Erfolge, verbucht er sie als seine und mutiert so Schritt für Schritt zur lebendigen Visitenkarte der Unternehmensziele.

Auf diese Weise schlägt der zunächst harmlos wirkende Siegeszug der Unternehmenskultur zwischen Kirmes, Streichelzoo und Psychoseminar zwei Fliegen mit einer Klappe: Der Unternehmer ist zufrieden, wenn ihm wieder ein Fisch ins Netz geht und sich ein neuer Corporate-Gläubiger in die Reihen des Unternehmens gesellt. Der Mitarbeiter ist glücklich, weil er endlich jemanden gefunden hat, der ihm sagt, worauf es ankommt und wo es lang geht. Packt er dennoch seine Koffer und verlässt die »Community«, dann oft aus dem Grund, weil er eine »Kultur« entdeckt hat, die ihn noch mehr fasziniert und noch besser zu ihm passt. An der Arbeit selbst liegt es sicher eher selten.

Hinter der mitarbeiternahen Unternehmenskultur mit ihrem vermeintlich liberalen und vertrauensvollen Verhältnis zwischen Arbeitgeber und Arbeitnehmern steckt eine vorsätzliche Instrumentalisierung der Gefühle. Das strategische »Management by Emotions« vermittelt Sinn und Zugehörigkeit nicht aus reiner Nächstenliebe, sondern verfolgt ein Ziel, das eigentlich so gar nicht in die schöne, neue Arbeitswelt passt: Es geht schlicht und ergreifend darum, die dem Mitarbeiter abhanden gekommene Loyalität durch eine emotionale Bindung auszugleichen, die im optimalen Falle in der totalen Identifikation gipfelt.

Identifikation produziert eine andere, subtilere Form von Abhängigkeit als Loyalität, weil sie auf das Innerste des Menschen zielt und keine Distanz erlaubt. In der Natur der Identifikation liegt es, dass zwischen dem Selbst und dem Gegenstand der Identifikation nicht mehr unterschieden wird. Dass dies ein Höchstmaß an Engagement des Mitarbeiters nach sich zieht, liegt auf der Hand. Er nimmt die Interessen und Ziele des Unternehmens – fälschlicherweise – als seine eigenen wahr und macht sich umso freudiger an die Arbeit. Was das kleine Start-up, dessen Belegschaft sich getreu dem Motto »Fünf-Freunde-und-eine-Idee-müsst-ihr-sein« formierte, noch ganz von selbst mit sich brachte, wird heute in etablierten Unternehmen im großen Stil inszeniert. Von den Vorzeigeunternehmen der New Economy hat man sich abgeschaut, wie man seine Leute zum aufopferungsvollen Arbeiten bewegt, ohne dass sie weglaufen.

Die Tatsache, dass der Tausch von Leistung gegen Lohn immer noch die Grundlage der seit jeher ungleichberechtigten Beziehung zwischen Arbeitgeber und Arbeitnehmer darstellt, tut der Glaubwürdigkeit des von der Unternehmenskultur offerierten Identifikationsangebots augenscheinlich keinen Abbruch. Obwohl niemand bezweifeln wird, dass ein Unternehmen davon lebt, dem Mitarbeiter immer nur so viel zu bezahlen, dass es noch genug in seine eigene Tasche wirtschaften kann, nimmt der Mitarbeiter in der Wertewelt des Unternehmens dankbar seinen Platz ein. Genau hier zeigt sich die bemerkenswerte Leistung der Unternehmenskultur: Sie schafft es, die widersprüchlichen Ziele und Motive von Unternehmer und Mitarbeiter in einem tollkühnen Spagat zu vereinen. Ihr Kunstgriff besteht in der oberflächlichen und ästhetischen Auflösung dieses ehernen Widerspruchs.

Dass es mit der von der Unternehmerkultur propagierten Gemeinsamkeit in Wahrheit nicht allzu weit her ist, zeigt sich spätestens dann, wenn der Mitarbeiter nicht mehr gebraucht wird und seine Entsorgung ansteht. An diesem Punkt wird dann auch dem Mitarbeiter oft schmerzlich und mit einiger Verspätung bewusst, dass doch nicht alle an einem Strang ziehen. Zugleich bricht der unternehmensspezifische Sinnkosmos weg, der sich bislang über dem Mitarbeiter wölbte. So steht er jetzt nicht nur ohne Job da, sondern schmerzhaft persönlich getroffen und ohne Orientierung, Ziel und Mission.

Mehr Flexibilität durch Gleichgültigkeit

Wo die Unternehmenskultur zum Wertelieferanten und zur Identifikationsfigur verkommen ist, wird jeder Atemzug des Unternehmens zur sinngeschwängerten Grundsatzfrage, mit der die Motivation des Mitarbeiters steigt oder fällt. Veränderungen des Unternehmens werden, überspitzt formuliert, als Veränderungen der eigenen Persönlichkeit wahrgenommen. Da liegt es auf der Hand, dass der Mitarbeiter auch ein Wörtchen mitzureden gedenkt. Das kommt jeglicher Art von Korrektur und Kursänderung nicht sonderlich zugute: Der Wandel wird so zum Kampf gegen die Ziele und Motive der Mitarbeiter. Statt auf ein wohltuendes und arbeitserleichterndes Desinteresse müssen sich Vorgesetzte und Unternehmer auf bockige, trotzige Mitarbeiter gefasst machen, die mitbestimmen und ihre Interessen (die ja die gleichen wie die der Firma sein sollen) durchsetzen wollen. Hinzu kommt, glaubt man den Entwicklungspsychologen, die Tatsache, dass Identifikation immer auch »stabile Verhältnisse« voraussetzt. Ein Wert, der von Unternehmen heute nur schwerlich eingelöst werden kann und jede Form von Veränderung zum Spießrutenlaufen für den Unternehmer werden lässt. Noch ehe er überhaupt zur Tat schreiten kann, ist er voll und ganz damit beschäftigt, den Mitarbeitern die überzeugenden Vorteile einer Veränderung darzulegen und die Notwendigkeit dieses Schritts argumentativ auszuschmücken. Erst nach langwierigen Diskussionen und Auseinandersetzungen vermag so mancher Mitarbeiter sich dann doch schweren Herzens mit dem neuen Ziel anzufreunden. Ist von Seiten der Arbeitnehmer aber nicht mit Zustimmung zu rechnen, und erlaubt sich der Unternehmer dennoch, entgegen ihrer Meinung zu handeln, ist das Gezeter groß: Man fühlt sich übergangen, nicht integriert und in seiner Rolle als Mitarbeiter entwertet und hält deswegen stur an den einmal eingeimpften Zielen und Werten der Firma fest, als wäre man mit ihnen verwachsen.

Deshalb sollte es, wie Stefan Kühl in seinem Buch *Das Regenmacher-Phänomen* gezeigt hat, durchaus im Interesse des Unternehmers liegen, dass die Mitarbeiter eine gewisse Gleichgültigkeit gegenüber den Beschlüssen und Veränderungen seiner Firma aufbringen: Die klare Unterscheidung der Ziele und Motive des Mitarbeiters von denen des Unternehmers eröffnet die Möglichkeit, die Marschrichtung des Unternehmens zu ändern, ohne damit den Mitarbeitern zugleich den Boden unter den Füßen wegzuziehen.

Genau besehen ist ein geringer Grad an Identifikation des Mitarbeiters mit dem Unternehmen sogar die Voraussetzung dafür, um Unternehmensziele zu verändern und abzuwandeln, ohne dafür mit einem gebremsten Engagement bestraft zu werden – und so das opfern zu müssen, woran den meisten Unternehmen so gelegen ist: Flexibilität und Wandlungsfähigkeit. Oder wie es Stefan Kühl formuliert: »In einer Bürgerinitiative, einem Sportclub oder Karnevalsverein wird man aktiv, weil man deren Zwecke und Ziele sinnvoll findet und nicht, weil man dafür bezahlt wird, Aufgaben zu übernehmen. (…) Solche Organisationen sind jedoch kaum in der Lage, ihre Ziele und Zwecke zu ändern. Friedensinitiativen verschwinden, sobald keine Mittelstreckenraketen mehr gebaut werden. Karnevalsvereine ziehen Jahr für Jahr die gleiche Show ab und zeichnen sich – positiv ausgedrückt – durch eine hohe Beständigkeit aus.«

Bei den Veränderungen, die hier zur Debatte stehen, geht es meist weniger um die großen und langwierigen Entscheidungen, die den Mitarbeiter unmittelbar betreffen. Vielmehr gibt es in jedem Unternehmen eine Vielzahl von Dingen, die verändert werden müssen, weil sie nicht wie geplant funktionieren, sich ungeahnte Synergien auftun oder nicht vorhersehbare Alternativen ergeben. Es ist die Aufgabe von Unternehmern und Führungskräften, die Notwendigkeit zur Korrektur zu erkennen und angemessen und zügig zu reagieren. Es ist nicht die Pflicht des Mitarbeiters, sich jedes Mal zu fragen, ob er das genauso sieht und wie er das jetzt überhaupt so finden soll.

Wie raffiniert der Winkelzug der Unternehmenskultur auch immer sein mag, über kurz oder lang wird er zum Scheitern verurteilt sein. Die Erklärung dafür ist ebenso einfach wie plausibel: Das Machtverhältnis zwischen Mitarbeiter und Unternehmer ist ungleich verteilt und hierarchisch strukturiert, zugleich sind die Interessen von Unternehmern grundsätzlich andere als die des Mitarbeiters. Es gibt diesen Widerspruch.

Im Verhältnis zwischen Arbeitgeber und Arbeitnehmer sollte das Ungleichgewicht dieser Beziehung bewusst mitgestaltet werden, denn es ist für alle Beteiligten einfacher, unkomplizierter und entlastender, die Unterschiedlichkeit von Interessen, Zielen und Macht erst gar nicht aufwändig zu vertuschen, sondern ihr bewusst einen Platz einzuräumen. Aufgabe der Unternehmenskultur muss es sein, den Arbeitnehmer vor den subtilen Zwängen und Anforderungen und den emotionalen Instrumenten des Arbeitgebers zu schützen und diesem wiederum eine Position zuzuweisen, die es ihm erlaubt, Entscheidungen im Sinne der Firma auch gegen den Willen der Mitarbeiter zu fällen. Deshalb ist eine Haltung sinnvoll, die Distanz ermöglicht statt immerzu Identifikation zu fordern.

Aus den Augen, aus dem Sinn

Das moralisierende Zerrbild vom »armen« Unternehmer, der händeringend nach Mitarbeitern Ausschau hält, und vom autonomen Mitarbeiter, der nur so lange bei einem Unternehmen verweilt, bis eine neue Option verführerischer glänzt und ergriffen werden will, verkennt die Ursachen und schiebt den Arbeitnehmern den schwarzen Peter zu.

Die neue Situation auf dem Arbeitsmarkt führt nämlich auf beiden Seiten zu Schwierigkeiten und verlangt nach neuen Lösungen: Das Auslaufmodell Festanstellung bedeutet, dass immer mehr Unternehmen auf Projektarbeit, freie Mitarbeit oder Zeitverträge zurückgreifen werden. Doch das heißt auch: Ein Unternehmen, welches die Arbeit in viele kleine Portionen zerstückelt kurzfristig auf den Markt wirft und seinen Mitarbeitern weder Sicherheit noch Stabilität versprechen kann, kann im Gegenzug keinen loyalen Mitarbeiter verlangen. Zugleich scheint es reichlich widersprüchlich, unentwegt unternehmerische Qualitäten wie Selbstständigkeit und Entschlussfreudigkeit von seinen Mitarbeitern zu fordern und sich dann zu wundern, wenn diese auch außerhalb der Firma davon Gebrauch machen. Ebenso wenig wird der Arbeitnehmer seine berufliche Laufbahn blind einem einzigen Unternehmen anvertrauen und sich von ihm in die Pflicht nehmen lassen. Sich sein Überleben auch jenseits der zeitlich und vertraglich fixierten Festanstellung sichern zu können, ist nicht nur eine vorbildliche Anpassungsleistung des Mitarbeiters, sondern auch seine einzig reelle Chance. Der Abschied vom sorgsam geplanten linearen Lebenslauf ist nicht allein auf seinem Mist gewachsen und Folge eines rücksichtslosen Selbstverwirklichungswahns. Wer dem unloyalen Mitarbeiter die Schuld in die Schuhe schiebt, macht es sich zu einfach. Fakt ist – und das wird umso deutlicher, je miserabler die wirtschaftliche Situation ist –, dass die meisten Arbeitnehmer sich nicht aus freien Stücken so flexibel, wechselhaft und bindungsscheu verhalten, sondern weil ihnen die derzeitige Unternehmenspolitik oftmals keine andere Wahl lässt. Selbst die mühsam zum Bleiben überredeten Talente sind nicht davor geschützt, morgen auf die Straße gesetzt zu werden, wenn sich die Lage, Ansprüche oder Ziele der Firma geändert haben und kein »akuter Bedarf« mehr besteht, sie weiter zu beschäftigen.

Die in solch wackeligen Verhältnissen noch vergrößerte Kluft zwischen Unternehmer und Mitarbeiter kann auch nicht mit einer noch so geballten Ladung an Emotionalität, scheinbarer Gleichheit und Sinnstiftung weggewischt werden.

Der Bedarf an guten Leuten einerseits und die Unmöglichkeit andererseits, die mühevoll aufgetriebenen Mitarbeiter kontinuierlich mit Arbeit versorgen und an das Unternehmen binden zu können, erfordert neue Formen von Verbindlichkeit und Verlässlichkeit, um den Mangel an Loyalität – auf beiden Seiten – auszugleichen. Wer sich nicht jedesmal auf die langwierige Suche nach Talenten machen will, muss sein Verhalten gegenüber den bereits verfügbaren Mitarbeitern ändern.

Das zunehmend kurzfristige und unbeständige Verhältnis zwischen Arbeitgeber und Arbeitnehmer verlangt nach einem weit gefassten Begriff der Mitarbeiterbeziehung und -bindung, der sich von der immer noch vorherrschenden Denkweise löst, mit der Beendigung des Arbeitsverhältnisses, der Fertigstellung eines Projekts oder der Erfüllung des Vertrags sei auch die Beziehung zwischen Unternehmen und Mitarbeiter beendet.

Unter dieser Prämisse macht es wenig Sinn, die ganze Anstrengung darauf zu verwenden, den Mitarbeiter auf Teufel komm raus an das Unternehmen zu binden, solange man ihn braucht, und sich beleidigt von ihm abzuwenden und für das Unternehmen als wertlos zu betrachten, wenn er abwandert. Zugleich müssen zu den temporär oder frei beschäftigten Mitarbeitern über das jeweilige Beschäftigungsverhältnis hinaus Beziehungen aufgebaut werden. Und selbst im Falle einer Kündigung durch den Mitarbeiter scheint es albern, die Beziehung als beendet zu betrachten. So ist es ja durchaus möglich, dass der flügge Gewordene seine Leistungen der Firma in anderer Form weiter zur Verfügung stellt oder ihn sein Weg zu einem späteren Zeitpunkt wieder in das Unternehmen führt. Eine solche Nachsicht entspringt nicht der Nächstenliebe, sie hat strategische Motive: Mit jedem Mitarbeiter verlässt immer auch sein Wissen und damit wertvolles Kapital die Firma. Dem Unternehmer bleiben selten mehr als ein paar Dokumente in der Datenbank, Konzeptpapieren oder Studien.

Einige Unternehmen zeigen für dieses Problem bereits kluge Lösungsansätze. So hat die amerikanische Unternehmensberatung Bain & Company ein Ehemaligen-Programm ins Leben gerufen, das dabei hilft, weiter in Kontakt zu bleiben, Informationen auszutauschen und Schnittstellen und Synergien zu erkennen und voneinander zu profitieren. Das Beratungsunternehmen Accenture hat, statt auf die schwierige Auftragslage mit Entlassungen zu reagieren, seinen Mitarbeitern eine Auszeit in Form eines »Sabbatical« mit einem Drittel des Gehalts angeboten. Neu rekrutierte Mitarbeiter wurden gebeten, ein halbes Jahres später einzusteigen als abgemacht, und für diesen Zeitraum mit einem Überbrückungsgeld versorgt.

Synthetische Monokultur

Eine Unternehmenskultur fungiert gewissermaßen als Türsteher des Unternehmens. Sie selektiert mit sicherer Hand die aus, die eigensinnig und andersartig erscheinen, und winkt die hinein, die einen pflegeleichten Eindruck machen und versprechen, die von der Kultur angepriesenen Werte und Ziele zu den ihren zu erklären.

Das gilt nicht nur für die etablierten Konzerne. Besonders die vermeintlich »innovativen«, »flexiblen«, »jungen« und »fortschrittlichen« Unternehmenskulturen funktionieren nach dem Prinzip der Dominanz des Eigenen und der strikten Ablehnung und Unterdrückung des Andersartigen. Wer sich in ihre Reihen gesellt, muss dazu bereit sein, sich unauffällig dieser Kultur einzuordnen.

Führt die Arbeit einen »Neuling« aus einer anderen Kultur und mit anderen Prägungen in ein monokulturelles Unternehmen, kommt es nicht selten zu einem regelrechten Kulturschock. Das gilt besonders für den, der sich sein Einkommen jenseits von Festverträgen und Langzeitbeschäftigungen sichert. Ihm wird das immer wieder nötige Sichanfreundenmüssen mit einer neuen Kultur zur gewohnten, zur regelmäßigen und lästigen Pflicht. Jedesmal, wenn er den Arbeitgeber gewechselt hat, ist er erst einmal vollauf damit beschäftigt, die dominierende Kultur zu entschlüsseln und sich ihr – so weit überhaupt möglich – durch »Lernen durch Nachahmung« anzupassen.

Unbeeindruckt von der Vielfalt der individuellen Wertegerüste und Sinngebäude, die draußen vor den Unternehmensmauern zuhauf zu finden sind, pocht die Unternehmenskultur der meisten Firmen weiter auf das große Kollektiv, den lückenlosen Sinnzusammenhang und auf gemeingültige Leitmotive. Heraus kommt eine öde Monokultur. Und genau hier offenbart sich die Schwachstelle der Personalpolitik und Kultur der meisten Unternehmen: Die einheitliche und konforme Unternehmenskultur, die den immer gleichen Mitarbeitertypus favorisiert, stellt sich als wirtschaftlicher Störfaktor heraus. Individualisierung, Globalisierung und Pluralisierung haben tief greifende Veränderungen angestoßen und werfen Fragen auf, die mit einer monokulturellen Unternehmenskultur kaum zu begreifen, geschweige denn zu beantworten sind.

Dass der Kunde oder Konsument heute ein höchst eigenwilliges, schwer über einen Kamm zu scherendes Individuum ist, das ist der Mehrheit der Unternehmer nicht entgangen. Man weiß, er liebt die Auswahl und fordert Leistungen, Dinge und Services, die dem Schnittmuster seiner persönlichen Bedürfnisse entsprechen. Doch gerade um diese »äußere«, durch Globalisierung und Internationalisierung vorangetriebene »Diversifikation« der Absatzmärkte zu beantworten, kommt man nicht umhin die Zusammensetzung der Mitarbeiter, die Vielfalt ihrer Werte, Haltungen und Normen ebenso breit gefächert anzulegen wie die der Konsumenten vor den Firmenmauern auch. Die Lösung besteht also darin, Vielfalt mit Vielfalt – »Diversity« – zu beantworten. Je globaler ein Unternehmern agiert, umso mehr ist es auf eine internationale Bandbreite an Mitarbeitern angewiesen und je differenzierter und vielfältiger seine Leistungen sind, umso weniger kann es auf personelle Vielfalt verzichten. Demografische Veränderungen, wie der steigende Anteil von Frauen im Berufsleben, die Überalterung der Bevölkerung und ihre Vermischung mit ethnischen und kulturellen »Minderheiten«, Globalisierung, Fusionen und nicht zuletzt die Integration in die Europäische Union machen es unmöglich, auf eine monokulturelle Kultur zu beharren und Fremdartigkeit und Andersartigkeit allenfalls misstrauisch zu dulden. Ziel muss es sein, die Eigenheiten der Mitarbeiter als Ressource zu begreifen und nutzbar zu machen, denn »die Unternehmen, die die Diversity des Unternehmens durch ihre Mitarbeiter katalysierend in die Produkte übertragen, werden im Konkurrenzkampf überlegen sein«, so Köhler-Braun in »Vielfalt führt zum Erfolg« in der *Personalwirtschaft* 10/99.

Die Individualität der Mitarbeiter erweitert die Bandbreite an Erfahrungen, Perspektiven, Bedürfnissen und Fähigkeiten, die in den Arbeitsprozess mit einfließen. Nur dadurch ist es möglich, die komplexen Bedürfnisse der »zusammengewürfelten« Kundschaft zu beantworten: Je mehr die Belegschaft ein Spiegelbild der Kundschaft ist, umso größer ist die Wahrscheinlichkeit, dass die mit ihrem Wissen entwickelten Angebote und Leistungen nicht ins Leere zielen, sondern die Wünsche und Ansprüche der angepeilten Kosumentengruppe auch tatsächlich beantworten.

Unterschiede verbinden

Der Abschied vom Einheitsmitarbeiter zieht den Abschied von dem Wunsch nach »kulturellem Konsens« nach sich und damit von einer Einheitskultur, die ihren Mitarbeitern Werte und Leitbilder häppchenweise in den Mund legt und anders gefärbte Ansichten sowie Denkmuster nicht gelten lässt, verleugnet und unterdrückt. Für den Unternehmer bedeutet das: Er wird sich von seiner ganz auf Identifikation zielenden emotionalen Führung mit ihrem durchgestylten Wertekosmos als Zugpferd und verbindendem Element trennen müssen.

Eine »intakte« und lebendige Unternehmenskultur wird sich zukünftig an ihrer Vielseitigkeit und Widersprüchlichkeit messen lassen. Die Devise wird nicht mehr »entweder – oder« lauten, sondern »sowohl – als auch«. Um der Verschiedenartigkeit der Mitarbeiter Raum zu geben und von dieser profitieren zu können, sind zunächst umfangreiche Umbauarbeiten an den Fundamenten und Grundsätzen der monokulturellen Unternehmenskultur erforderlich. Dabei lautet die zentrale Frage, was denn an die Stelle der verbindenden Werte und Leitbilder als Bindeglied des Unternehmens rücken soll.

Eine Möglichkeit besteht darin, ein formales Gerüst aus »verbindenden Formen und Strukturen« zu setzen: Verbindliche Verhaltensweisen, Umgangsformen und Regeln zu formulieren als kleinsten gemeinsamen Nenner, auf den sich die Mitarbeiter einigen müssen, damit die individuellen Werte, Haltungen oberhalb des Bruchstrichs nicht beschnitten werden.

Wer also die Vielfalt fördern will, kommt nicht umhin, von seinen Mitarbeitern zu fordern, dass sie sich beschränken und einschränken, damit ihre Unterschiedlichkeit die Zusammenarbeit und Prozesse des Unternehmens nicht lahm legt, sondern sie mit anderen Mitarbeitern zusammenarbeiten können und dominierenden Gruppen Einhalt geboten wird. An die Stelle allgemein verbindlicher Ziele und Werte tritt die Forderung, sich im Umgang miteinander und in der Kommunikation mit anderen an die Spielregeln zu halten und sich damit der »Haltung« des Unternehmens anzupassen. Im Gegenzug darf jeder Mitarbeiter seine Andersartigkeit, seine Art des Denkens und Sicht der Dinge im vollen Umfang in den Prozess der Arbeit einfließen lassen.

Eine auf Beschränkung basierende, recht förmliche Unternehmenskultur ist zudem für jedermann relativ einfach zu begreifen. Das erleichtert es vor allem den neu hinzukommenden oder temporär für das Unternehmen arbeitenden Mitarbeitern, sich zu integrieren.

Und eines ist gewiss: Es sind heutzutage nicht wenige Mitarbeiter, die die Wahrung der Formen und die Verwendung höflicher Floskeln wie: »Guten Tag, mein Name ist Frau X, ich habe Sie schon erwartet, ich bin für Sie zuständig, hier ist Ihr Arbeitsplatz, Ihre Aufgabe ist, Ihre Kollegen sind …«, einem »Hi, die Karin meinte, die

Woche würde einer kommen, der Stefan ist noch im Team, der weiß, glaub' ich, mehr, … pflanz dich einfach irgendwo hin, wir nehmen das hier nicht so genau, ist alles ziemlich locker«, vorziehen würden. Es wird Zeit, dass Unternehmen und Führungskräfte darauf reagieren.

Literaturverzeichnis

Asgodom, Sabine, *Leben macht die Arbeit süß*, München 2002

Beck, Ulrich, *Schöne neue Arbeitswelt*, Frankfurt am Main 1999

Beismann, Gernot, »Nomaden im virtuellen Büro«, in: *Die Zeit*, Nr. 37, 2000, S. 47

Bergmann, Wolfgang, *Ikarus 2000. Warum das nächste Jahrhundert männlich wird*, Stuttgart 2000

Bierach, Barbara, *Das dämliche Geschlecht*, Weinheim 2002

Bischhoff, Joachim, *Mythen der New Economy. Zur politischen Ökonomie der Wissensgesellschaft*, Hamburg 2001

Braig, Axel/Renz, Ulrich, *Die Kunst weniger zu arbeiten*, Berlin 2001.

Buckingham, Marcus/Clifton, Donald O., *Entdecken Sie Ihre Stärken jetzt!*, Frankfurt am Main 2002

Cube, Felix von, *Fordern statt Verwöhnen. Die Erkenntnisse der Verhaltensbiologie in der Erziehung*, München 2001

Csikszentmihalyi, Mihaly, *Flow. Das Geheimnis des Glücks*, Stuttgart 2001

Csikszentmihalyi, Mihaly, *Lebe gut! Wie Sie das Beste aus ihrem Leben machen*, München 2001

Deckstein, Dagmar, »Der umworbene Mitarbeiter«, in: *Süddeutsche Zeitung*, 28.01.2002

Degen, Rolf, *Lexikon der Psychoirrtümer*, Frankfurt am Main 2000

Detmers, Ulrike (Hrsg.), *Männerwelt Wirtschaft*, Münster 2000

Dieckmann, Martin, »selb(st) - ständig - arbeiten. Neue/alte Selbstausbeutung und die Kampagnen von IG Metall und IG Medien«, in: *express* Nr. 2/2000, S. 2–3

Drucker, Peter, *Management im 21. Jahrhundert*, München 1999

Duval, Jean François, »Zukunft der Arbeit: die Hölle«, ein Gespräch mit Richard Sennett, in: *Brückenbauer* Nr. 17, April 1999

Eichhorn, Cornelia/Grimm, Sabine (Hrsg.), *Gender Killer, Texte zu Feminismus und Politik*, Berlin/Amsterdam 1994

Engelmann, Jan/Wiedemeyer, Michael (Hrsg.), *Kursbuch Arbeit. Ausstieg aus der Jobholder-Gesellschaft – Start in eine neue Tätigkeitskultur?*, Stuttgart 2000

Englisch, Gundula, *Jobnomaden. Wie wir arbeiten, leben und lieben werden*, Frankfurt/New York 2001

Finkemeier, Thomas, »Im Namen der Firma immer und überall verfügbar«, in: *VDI-Nachrichten*, 29.10.1999

Fischer, Gabriele im Interview mit Stefan Kühl, »Wer glaubt noch den Regenmachern?«, in: *brand eins*, Heft 01/2000, S. 48–53

Flusser, Vilém, *Dinge und Undinge. Phänomenologische Skizzen*, München/Wien 1993

Frank, Georg, *Die Ökonomie der Aufmerksamkeit*. München/Wien 1998

Frank, Thomas, *Das falsche Versprechen der New Economy*, Frankfurt/New York 2001

Frieling, Ekkehart/Kauffeld, Simone/Grote, Sven/Bernard, Heike, *Flexibilität und Kompetenz: Schaffen flexible Unternehmen kompetente und flexible Mitarbeiter?*, Münster 2001

Glißmann, Wilfried/Angela Schmidt, »Mit Haut und Haaren. Der Zugriff auf das ganze Individuum« in: *Denkanstöße – IG Metaller in der IBM*, Sonderheft, Frankfurt, Mai 2000

Glißmann, Wilfried/Peters, Klaus, *Mehr Druck durch mehr Freiheit. Die neue Autonomie in der Arbeit und ihre paradoxen Folgen*, Hamburg 2001

Goffmann, Erving, *Interaktionsrituale. Über Verhalten in direkter Kommunikation*, Frankfurt am Main 1996

Golemann, Daniel, *Emotionale Intelligenz*, München/Wien 1996

Goleman, Daniel/Boyatzis, Richard/McKee Annie, *Emotionale Führung*, München 2002

Gorz, André, *Arbeit zwischen Misere und Utopie*, Frankfurt am Main 2000

Gorz, André, *Kritik der ökonomischen Vernunft. Sinnfragen am Ende der Arbeitsgesellschaft*, Berlin 1989

Haarbeck, Siegfried (Hrsg.), *Deutschland 2010. Szenarien der Arbeitswelt von Morgen*, Köln 2000

Handy, Charles, *Ohne Gewähr. Abschied von der Sicherheit*, Wiesbaden 1996

Heintz, Bettina/Nadai, Eva u. a., *Ungleich unter Gleichen: Studien zur geschlechtsspezifischen Segregation des Arbeitsmarktes*, Frankfurt am Main 1997

Heintze, Roland, »Karriere: Deutsche Chefs zeigen kaum Teamgeist«, in: *Financial Times Deutschland*, 07.09.2001

Herbst, Dieter, *Corporate Identity*, Berlin 1998

Heuser, Uwe, *Das Unbehagen im Kapitalismus. Die neue Wirtschaft und ihre Folgen*, Berlin 2000

Hindle, Tim, *Die 100 wichtigsten Management-Konzepte*, München 2001

Horx, Matthias, *Smart Capitalism. Das Ende der Ausbeutung*, Frankfurt am Main 2001

Hühnerbein-Sollmann, Christoph Matthias, *Evaluation von Assessment-Centern (AC). Untersuchung von Entscheidungen bei der Gestaltung von Personalauswahl- und -entwicklungsmaßnahmen*, Dissertation, Universität Duisburg 1998

Huizinga, Johan, *Homo Ludens. Vom Ursprung der Kultur im Spiel*, Reinbeck bei Hamburg 1987

Jensen, Annette »Traumhafte Produktivitätssteigerungen«, im Interview mit Klaus Peters in *Change X*, 02.02.2001

Jeserich, Wolfgang, *Mitarbeiter auswählen und fördern*, München/Wien 1990

Kaehlbrandt, *Deutsch für Eliten. Ein Sprachführer*, München 2001

Karner, Helmut F., »Die personelle und strukturelle Seite des intellektuellen Kapitals. Wissenswerker in und außerhalb der Netzwerkorganisation«, in: Schneider (Hrsg.), *Wissensmanagement*, Frankfurt am Main 1996

Kellner, Hedwig, *Die Teamlüge. Von der Kunst, den eigenen Weg zu gehen*, Frankfurt am Main 1997

Kirnich, Peter, »Wie eine ostdeutsche Region ihre Talente halten will«, in: *Berliner Zeitung*, 24.10.2001

Köhler-Braun, Katharina, »Vielfalt führt zum Erfolg«, in: *Personalwirtschaft* 10/99, S. 74–79

Kommission für Zukunftsfragen der Freistaaten Bayern und Sachsen, *Erwerbstätigkeit und Arbeitslosigkeit in Deutschland: Entwicklung, Ursachen und Maßnahmen*, Bonn 1996

Kreativ-Ranking 2002, in *PAGE*, März 2002

Kreuzer, Rainer, »Wahlverwandte« in: *brand eins*, Heft 10/2000, S. 53–58

Kühl, Stefan, *Wenn die Affen den Zoo regieren. Die Tücken der flachen Hierarchien*, Frankfurt/New York 1998

Kühl, Stefan, *Das Regenmacher-Phänomen. Widersprüche und Aberglaube im Konzept der lernenden Organisation*, Frankfurt/New York 2000

Ley, Hannes »Mit Kaos aus dem Chaos«, in: *brand eins*, Heft 01/2000, S. 132–137

Lotter, Wolf, »Du und das Team«, in: *brand eins*, Heft 01/2002, S. 36–42

Magert, Sabine, »www.nullfreizeit.de«, in: *Die Zeit*, Nr. 37, 07. September 2000

Merkel, Rainer, *Das Jahr der Wunder*, Frankfurt am Main 2001

Nagler-Springmann, Sibylle, »Potentiale entwickeln statt Häckchen machen«, in: *Süddeutsche Zeitung*, 20/21 April, S.V1/21

Neuberger, Oswald, »Der Mensch ist Mittelpunkt. Der Mensch ist Mittel. Punkt. 8 Thesen zum Personalwesen«, in: *PERSONAL-FÜHRUNG*, 1990, Ausgabe 1, S. 3–10

Peters, Tom, *Jenseits der Hierarchien*, München 1993

Peters, Tom, *Der Innovationskreis. Ohne Wandel kein Wachstum – wer abbaut, verliert*, München 1998

Pickshaus, Klaus, »Der Zugriff auf den ganzen Menschen. Neue Kapitalstrategien und das Arbeiten ohne Ende«, in: *Zeitschrift Marxistische Erneuerung*, Heft 41, März 2000

Pickshaus, Klaus/Schmitthenner, Horst/Urban, Hans-Jürgen (Hrsg.), *Arbeiten ohne Ende. Neue Arbeitsverhältnisse und gewerkschaftliche Arbeitspolitik*, Hamburg 2001

Pickshaus, Klaus/Peters, Klaus/Glißmann, Wilfried, »Der Arbeit wieder ein Maß geben. Neue Managementkonzepte und Anforderungen an eine gewerkschaftliche Arbeitspolitik«, Supplement der Zeitschrift *Sozialismus*, Heft 2/2000, S. 20–29

Reichel, Karin/Lange, Kirsten, *111 Tipps für Frauen im Beruf*, Frankfurt am Main 2001

Reicherzer, Judith, »Lieber hier als dort«, in: *Die Zeit* Nr. 28, S. 61

Reymann, Engel Christiane, »Superglückliche Malocher«, in: *Die Zeit*, Nr. 29/2000, S. 22

Rieger, Jacqueline, *Der Spaßfaktor. Warum Arbeit und Spaß zusammengehören*, Offenbach 2000

Rifkin, Jeremy, *Acess. Das Verschwinden des Eigentums*, Frankfurt/New York 2000

Scheich, Günter, *Positives Denken macht krank*, Frankfurt 2001

Scheppach, Joseph, *New Work. Wie man in Zukunft Karriere macht*, Düsseldorf/München 1997

Schiffer, Penny/von der Linde, Boris, *Mit Soft Skills mehr erreichen*, München 2002

Scott-Morgan, Peter, u. a., *Stabilität durch Wandel*, Frankfurt/New York 2001

Schulze, Gerhard, *Die Erlebnisgesellschaft. Kultursoziologie der Gegenwart*, Frankfurt/New York 1993

Sennett, Richard, *Die Tyrannei der Intimität. Verfall und Ende des öffentlichen Lebens*, Frankfurt 1996

Sennett, Richard, *Der flexible Mensch. Die Kultur des neuen Kapitalismus*, Berlin 1998

Sommer, Christiane im Interview mit Klaus Grefe, »Führungs-Fehler«, *brand eins*, Heft 6/2000, S. 20

Sprenger, Reinhard K., *Mythos Motivation, Wege aus der Sackgasse*, Frankfurt/New York 1999

Sprenger, Reinhard K., »Nein zum großen Ja«, in: *brand eins*, Nr. 10/2000, S. 160–163

Staute, Jörg, *Das Ende der Unternehmenskultur. Firmenalltag im Turbokapitalismus*, Frankfurt/New York 1997

Steinrücke, Margareta u. a. (Hrsg.), *Neue Zeiten – neue Gewerkschaften. Auf der Suche nach einer neuen Zeitpolitik.* Berlin 2001

Then, Werner »Die Selbst-GmbH – Eine Welt von Unternehmern«, in: *Personalwirtschaft* März 2000, S. 38–48

»The War for Talents«, in: *The McKinsey Quarterly*, Nr. 3/1998

Topf, Cornelia/ Gawrich, Rolf, *Das Führungsbuch für freche Frauen*, München 2002

Uslar, Moritz von, »100 Fragen an …«, ein Interview mit Karl Lagerfeld, in: *Süddeutsche Zeitung Magazin*, Nr. 21/2002, S. 20–24

Voß, G. Günter/Pongratz, Hans J., »Der Arbeitskraftunternehmer. Eine neue Grundform der »Ware Arbeitskraft«?, in: *Kölner Zeitschrift für Soziologie und Sozialpsychologie*, Ausgabe 50, 1998, S. 131–158.

Voß, G. Günter/Pongratz, Hans J., »Vom Arbeitnehmer zum Arbeitskraftunternehmer. Zur Entgrenzung der Ware Arbeitskraft«, in: *Begrenzte Entgrenzungen. Wandlungen von Organisation und Arbeit*, Minssen H. (Hrsg.), Berlin 2000, S. 225–247

Weinstein, Matt, *Management by fun*, Landsberg 1999

Zirkel, Kirsten, »Arbeitsmarkt 2002: Jobs satt«, in: *Handelsblatt*, 21. Februar 2002

Zucker, Betty, »Die falsche Balance. Kampf um Talente mit Work-Life-Tools« in: *GDI_Impuls*, S. 6–12, Februar 2001

Internetadressen

http://www.changex.de
http://www.designerinaction.de/specials/index.php3
http://www.fastcompany.com
http://www.labournet.de
http://www.selbst-gmbh.de/
http://www.vdi-nachrichten.com